SERVICE VÉTÉRINAIRE

DANS

L'ARMÉE ALLEMANDE

ANNOTÉ ET TRADUIT

PAR MM

AUREGGIO, VÉTÉRINAIRE EN PREMIER

ET

GUÉNOT, AIDE-VÉTÉRINAIRE

AU 14ᵉ RÉGIMENT D'ARTILLERIE

PARIS

LIBRAIRIE MILITAIRE DE L. BAUDOIN ET Cᵉ

IMPRIMEURS-ÉDITEURS

30, Rue et Passage Dauphine, 30

1887

LE RÈGLEMENT DU 6 MAI 1886

SUR LE

SERVICE VÉTÉRINAIRE

DANS L'ARMÉE ALLEMANDE

Extrait de la **Revue militaire de l'Étranger**

(Année 1887.)

LE RÈGLEMENT DU 6 MAI 1886

SUR LE

SERVICE VÉTÉRINAIRE

DANS

L'ARMÉE ALLEMANDE

ANNOTÉ ET TRADUIT

Par MM.

E. AUREGGIO, VÉTÉRINAIRE EN PREMIER

ET

GUÉNOT, AIDE-VÉTÉRINAIRE

AU 11ᵉ RÉGIMENT D'ARTILLERIE

PARIS

LIBRAIRIE MILITAIRE DE L. BAUDOIN ET Cᵉ

IMPRIMEURS-ÉDITEURS

30, Rue et Passage Dauphine, 30

1887

LE RÈGLEMENT DU 6 MAI 1886

SERVICE VÉTÉRINAIRE

DANS L'ARMÉE ALLEMANDE

La *Revue militaire de l'Étranger* s'est déjà occupée de l'organisation et du fonctionnement du service vétérinaire dans l'armée allemande, tels qu'ils étaient réglés par les prescriptions du 15 janvier 1874 (1).

Un ordre de cabinet, en date du 6 mai 1886, a mis en vigueur une nouvelle instruction relative à ce service. Plusieurs parties de ce document sont de nature à intéresser nos lecteurs. Les chapitres relatifs à la maréchalerie sont particulièrement développés, et il nous semble instructif de faire connaître les principes qui ont cours chez nos voisins. La question, quelque technique qu'elle soit, ne saurait laisser indifférents les hommes qui s'occupent du cheval et qui comprennent tout le prix d'une bonne ferrure. Aussi ne craindrons-nous pas de donner quelques développements à cette étude, et de reproduire ici presque textuellement les passages les plus importants du nouveau règlement.

CHAPITRES I ET II.

Les chapitres I et II comprennent l'organisation et le fonctionnement du service vétérinaire dans l'armée prussienne ; ce sujet a déjà été traité avec détails dans la *Revue militaire de l'Étranger*.

Nous renvoyons nos lecteurs à ces études qui donnent tous les renseignements intéressants sur la matière.

Une prescription nouvelle autorise les vétérinaires militaires à

---

(1) Voir la *Revue militaire de l'Étranger*, nᵒˢ 43 (1872) et 173 (1874).

exercer leur profession en dehors du service, à condition d'en prévenir le vétérinaire d'arrondissement.

CHAPITRE III.

Ferrure. — Fonds d'entretien de la ferrure et des médicaments.

FERRURE. — La ferrure est pratiquée par les maréchaux des logis (*Ober-Fahnenschmiede*) et les brigadiers (*Fahnenschmiede*) (1) maîtres maréchaux ferrants sous la responsabilité et les ordres du chef de corps ; elle est soumise, de plus, à la direction spéciale et à la surveillance du personnel vétérinaire.

Quatre paires de fers doivent être préparées à l'avance avec leurs clous et leurs chevilles à glace pour chaque cheval des troupes de campagne, de réserve de campagne, de dépôt, de garnison, ainsi que pour les corps de nouvelle formation prévus dans le plan de mobilisation.

Ces réserves sont renouvelées suivant les besoins. Pour les chevaux de l'armée permanente, les fers doivent être préalablement ajustés. Les chevilles à glace sont employées chaque hiver pour la ferrure des chevaux de service. Le personnel doit toujours être exercé à la pratique de la ferrure à glace avec chevilles.

FRAIS GÉNÉRAUX. — Les frais généraux de la ferrure et des médicaments sont payés par abonnement mensuel et décomptés d'après les effectifs budgétaires.

Lorsque les dépenses sont augmentées par suite de la mauvaise nature du terrain, à cause du renouvellement des fers de réserve de l'infanterie, ou à la suite de maladies des chevaux, les commandants de corps d'armée peuvent allouer des suppléments aux corps de troupe.

FONDS POUR LA MARÉCHALERIE ET LES MÉDICAMENTS. — Le chef de corps a le choix du mode de gestion des fonds ;

1° Gestion directe, c'est-à-dire que les troupes achètent elles-

---

(1) Les *Ober-Fahnenschmiede* sont classés parmi les *sergeants*, et les *Fahnenschmiede* parmi les *Unter-Offiziere*. (Ces derniers ont donc une situation très voisine de celle de *brigadier maître maréchal*.)

mêmes les matières premières nécessaires à la ferrure, tels que
fer, charbon, et entretiennent le matériel de la forge;

2º De clerc à maître : en payant sur facture la ferrure au
maréchal.

Les sommes affectées au service sont gérées soit en totalité
par régiment de cavalerie, groupe de batteries d'artillerie de
campagne ou bataillon du train, soit partiellement par escadron,
batterie ou compagnie. L'excédent est conservé par le régiment,
le groupe ou le bataillon; il sert à couvrir toutes les autres
dépenses de ferrure ou d'hygiène du pied, et à fournir, sur l'avis
du chef de corps, les suppléments exceptionnels nécessaires aux
escadrons, batteries et compagnies.

La somme des dépenses pour les escadrons, batteries et compagnies est inscrite, contre quittance du chef de corps, dans les
livres de comptabilité. Le chef de corps peut demander un
compte de détail à l'escadron ou à la batterie.

L'usage des fers *à la mécanique* est toléré, mais il faut néanmoins que les maréchaux soient constamment exercés à la
confection des fers.

Le fonds des médicaments sert à couvrir les dépenses occasionnées par le traitement des *chevaux de troupe*.

Il peut aussi servir, d'après les ordres du chef de corps, à
l'achat de suppléments de fourrage pour les chevaux conva-
lescents ou en mauvais état. Ce fonds couvre encore les dépenses
occasionnées par le traitement des chevaux de troupe, laissés
en arrière, en route ou dans les cantonnements, et qui ont été
soignés par un vétérinaire civil ou par un vétérinaire militaire
détaché. Les autopsies des chevaux sont payées sur ces mêmes
ressources.

Les frais de désinfection sont couverts soit par le fonds de
ferrage, soit par celui des médicaments, selon la situation respective de chacun d'eux.

Ces fonds de ferrage et de médicaments peuvent aussi servir,
autant que le permettent les économies, à l'installation de dis-
pensaires ou à la location d'ateliers de maréchalerie.

MARÉCHAUX DES LOGIS ET BRIGADIERS MAITRES MARÉCHAUX
FERRANTS, AIDES MARÉCHAUX. — La ferrure est pratiquée dans
les corps de troupe par les maîtres maréchaux ferrants.

Dans chaque escadron, batterie d'artillerie de campagne et à cheval et bataillon du train, il y a un maître maréchal (maréchal des logis ou brigadier).

Dans chaque groupe d'artillerie de campagne dont les batteries sont à 6 pièces, il doit y avoir deux maîtres maréchaux.

Les maîtres maréchaux prennent rang avec les autres « sous-officiers » du corps ; ils sont nommés maréchaux des logis à leur tour d'ancienneté. Ils touchent la solde réglementaire de la classe des « sous-officiers » à laquelle ils appartiennent. Le commandement d'une troupe montée ne leur est jamais confié.

Les maréchaux des logis maîtres, après quinze ans de bons services, peuvent être nommés vice-maréchaux des logis chefs surnuméraires, mais sans augmentation de traitement.

Les hommes qui ont acquis une connaissance suffisante de la ferrure, pour pouvoir être utiles aux maréchaux, sont qualifiés aides-maréchaux (*schmiede*).

Les aides maréchaux qui ont obtenu un brevet de maître dans une école de maréchalerie, peuvent être promus par le chef de corps, lorsqu'il y a des vacances.

INSIGNES DES GRADES DU PERSONNEL DE LA MARÉCHALERIE. — Les maîtres maréchaux portent les insignes de la classe de « sous-officiers » à laquelle ils appartiennent. Ils ont en outre, ainsi que les aides maréchaux brevetés, comme insigne particulier, un fer à cheval sur la partie inférieure de la manche gauche de la veste. Cet insigne est en or pour les maréchaux des logis, en argent pour les brigadiers et en laine blanche ou jaune pour les aides brevetés.

Les maîtres maréchaux portent sur leur veste de treillis des fers en galons blancs croisés de raies noires.

SUPPLÉMENTS DE SOLDE POUR L'EXÉCUTION DE LA FERRURE. — La façon est payée chaque mois sur la masse de ferrage à raison de :

> 11 fr. 25 par escadron, groupe d'artillerie de campagne et bataillon du train ;
>
> 7 fr. 50 par batterie montée et dans la compagnie du train hessoise ;
>
> 15 francs dans les groupes d'artillerie de campagne dont les batteries sont de six pièces.

En outre, les maîtres maréchaux peuvent recevoir, pour services exceptionnels, des rémunérations sur les économies des fonds de ferrage et sur le produit de la vente du fumier.

PERSONNEL DE LA MARÉCHALERIE DE LA LANDWEHR. — Les maîtres maréchaux libérés passent dans la landwehr et y sont traités comme tels.

Les hommes qui ont obtenu le brevet dans une école de maréchalerie sont, au moment de leur libération, suivant leur conduite ou leurs aptitudes, nommés maîtres maréchaux ou bien désignés sous la dénomination d'« aides maréchaux formés dans une école ». Toutefois, ces nominations ne donnent droit à aucune indemnité, et le prix des insignes qu'elles confèrent ne peut pas être inscrit aux dépenses du corps.

CHAPITRE IV.

Écoles de maréchalerie.

BUT. — Les écoles de maréchalerie ont pour but d'assurer dans l'armée une ferrure uniforme et rationnelle.

Elles délivrent à des maréchaux, choisis parmi les sous-officiers et les hommes de troupe, le brevet de maître maréchal ou d'aide maréchal. L'école de maréchalerie de Berlin doit, de plus, former des instructeurs de maréchalerie et des aspirants pour l'École vétérinaire militaire.

La direction supérieure des écoles de maréchalerie appartient à l'inspection vétérinaire militaire.

La direction de l'école de maréchalerie de Gottesaue relève du général commandant le XIVe corps d'armée ; cette école ne dépend de l'inspection vétérinaire militaire qu'au point de vue technique.

L'inspecteur général visite les écoles de maréchalerie tous les ans et adresse ensuite un rapport au ministère de la guerre.

Chaque école de maréchalerie a un directeur militaire sous les ordres duquel se trouve le directeur technique. L'officier, qui remplit les fonctions de directeur militaire, surveille l'enseignement et exerce les mêmes pouvoirs, au point de vue de la discipline et des permissions, qu'un chef d'escadron détaché.

A l'École de maréchalerie de Berlin, les fonctions de directeur militaire sont remplies par l'officier qui est l'adjoint de l'Inspecteur à l'école vétérinaire militaire.

Le vétérinaire de corps qui remplit les fonctions de directeur technique dirige l'enseignement. Il est secondé, selon les besoins, par des vétérinaires auxiliaires détachés et par des maîtres maréchaux qui servent de moniteurs.

La surveillance, la discipline et la comptabilité sont confiées à un maréchal des logis-chef (à Gottesaue, à un maréchal des logis).

ENSEIGNEMENT. — Dans les écoles de maréchalerie, l'enseignement comprend :

1° au point de vue pratique :

La fabrication des différentes sortes de fers et les exercices de ferrure normale et pathologique ;

2° Au point de vue théorique :

La connaissance de l'anatomie et des conditions mécaniques de tout le corps du cheval ; et en particulier, la connaissance des membres, du sabot et de la ferrure rationnelle.

CHEVAUX QUI SERVENT DE SUJETS D'ÉTUDE. — Dans les écoles de maréchalerie de Berlin, Breslau, Kœnigsberg et Hanovre, on prend comme sujets d'étude des chevaux appartenant aux particuliers.

En outre, à l'école de Gottesaue, le général commandant le XIVe corps peut autoriser l'emploi de chevaux du 1er régiment d'artillerie de campagne badois, n° 14, et du bataillon du train badois, n° 14. Les vétérinaires militaires de ces corps sont libres d'assister à l'enseignement, sans cependant y prendre une part active.

ÉLÈVES MARÉCHAUX. — La cavalerie, l'artillerie de campagne et le train envoient aux écoles des élèves qui doivent remplir les conditions suivantes :

1) Compter au moins six mois de service ;

2) Avoir une bonne conduite ;

3) Être capable de forger et d'ajuster un fer, d'affiler des clous et de parer convenablement le pied ; (l'épreuve a lieu devant une

commission composée d'un capitaine, d'un lieutenant et d'un vétérinaire);

4) Savoir lire et écrire.

Le nombre des élèves à recevoir, de même que la date de la rentrée, est fixé par l'inspection vétérinaire militaire, qui en informe le général commandant le corps d'armée.

Les sous-officiers et les rengagés ne sont pas exclus du concours ; les corps de troupes peuvent aussi envoyer des élèves à l'école de maréchalerie pour redoubler le cours, mais avec le consentement préalable de l'inspection vétérinaire militaire.

Il faut détacher à l'école de préférence les hommes auxquels il reste le plus de temps de service à faire ou ceux qui contractent un rengagement.

Le rengagement, qui a été contracté exclusivement dans le but de l'admission à une école de maréchalerie, doit être annulé, si l'homme ne peut pas y être détaché ou si, au commencement du cours, il est renvoyé à son corps comme incapable. Une clause restrictive relative à ce fait doit être consignée dans l'acte d'engagement.

L'école de Gottesaue peut aussi recevoir des hommes de troupe non montés.

Les corps de troupe, qui ne possèdent pas d'hommes capables de suivre les cours, en avertissent le général commandant le corps d'armée, un mois avant la rentrée. Celui-ci fait combler les vacances par d'autres régiments.

Les hommes désignés, qui se montrent incapables de profiter de l'enseignement de l'école, sont renvoyés par le directeur militaire à leur corps qui les remplace immédiatement. Si le corps ne trouve pas de remplaçants, il en prévient le général commandant qui en fait désigner par d'autres corps.

EXAMENS ET NOMINATIONS DE MONITEURS. — A la fin du cours, les élèves maréchaux subissent un examen de ferrage. Ceux qui satisfont à cet examen obtiennent le brevet de maître maréchal ; on leur donne en propriété leur livre de théorie et un certain nombre de fers modèles fixé par l'inspection vétérinaire. Ces fers doivent être fabriqués par les maréchaux eux-mêmes ; ils sont poinçonnés à l'école de maréchalerie.

L'inspection vétérinaire militaire choisit, parmi les hommes qui ont subi l'examen, ceux qui sont aptes à faire des moniteurs. Ceux-ci restent encore six mois aux écoles de maréchalerie et y touchent l'indemnité réglementaire.

MOBILISATION. — En cas de mobilisation, les écoles de maréchalerie sont licenciées ; les hommes rejoignent leurs corps respectifs.

Pendant la durée de la mobilisation, les colonels, peuvent, en cas de nécessité, nommer des maréchaux qui n'ont pas obtenu le brevet.

OBTENTION DE CERTIFICATS D'APTITUDE PERMETTANT L'EXERCICE DE LA MARÉCHALERIE DANS LA VIE CIVILE. — Les sous-officiers et les hommes qui ont pratiqué dans l'armée active la ferrure des chevaux de troupe, peuvent, sur la proposition de leurs commandants d'escadron, être admis à concourir pour le brevet, qui, d'après la loi du 18 juin 1884 (Code de 1884 pour les Etats prussiens), donne droit à l'exercice de la maréchalerie dans toute l'étendue de l'empire allemand.

L'examen comprend la théorie et la pratique du ferrage et a lieu de la manière suivante :

Le candidat doit d'abord confectionner un fer normal et un fer pathologique, puis appliquer régulièrement le fer normal.

Il subit ensuite un examen oral qui porte sur les principes de l'anatomie du pied ; les aplombs défectueux, leur influence sur les pieds, la ferrure qui est indiquée pour y remédier ; les maladies du pied les plus importantes et leur traitement en ce qui concerne la ferrure ; les différentes méthodes de ferrure, selon les divers genres de service : pour l'été, pour l'hiver.

APPENDICE.

Le règlement que nous venons d'analyser est suivi d'un appendice divisé en trois parties :

1re *partie :* Instruction au sujet des épidémies ;
2e *partie :* Prescriptions relatives aux autopsies ;
3e *partie :* Instruction sur la ferrure.

Nous étudierons dans un prochain article la première partie, qui forme un ensemble intéressant. Nous allons compléter ici ce qui a trait à la maréchalerie, en prenant dans la troisième partie certaines dispositions spéciales, relatives à l'emploi des semelles de paille et à la ferrure à glace.

SEMELLE DE PAILLE. — Le procédé de la semelle de paille a pour but de protéger le sabot : il consiste à remplir l'intervalle compris entre les branches du fer, par une sorte de galette en paille tressée (*strohteller*, assiette de paille).

Cette galette pénétre par sa circonférence dans l'intervalle laissé libre par l'ajusture entre le fer et le pied ; ses dimensions sont telles qu'elle reste ainsi fixée à la sole, sans aucun autre moyen d'attache.

On la confectionne en enroulant solidement une tresse de paille sous forme de galette ou d'assiette, jusqu'à ce qu'on ait obtenu la dimension nécessaire.

L'épaisseur de la tresse est réglée, autant que possible, en proportion avec la concavité du pied. Plus la sole est plate, plus la semelle doit être mince.

En effet, la semelle est toujours faite de façon à ne point présenter une saillie sous le fer, pour éviter que la pression du sol ne s'exerce trop fortemement sur elle.

En enroulant la tresse, on coud solidement chaque tour nouveau au noyau déjà formé ; l'extrémité est coupée obliquement et fortement attachée. La semelle doit être suffisamment grande pour que le dernier tour, un peu moins élevé que les autres, puisse facilement s'introduire entre la sole et le fer.

Quand on place la semelle, elle doit être un peu convexe du côté du sol : de la sorte, soit en frappant sur cette saillie, soit en laissant simplement le pied se poser à terre, la circonférence de la semelle s'encastre solidement sous le bord supérieur et interne du fer. Pour donner à l'appareil cette forme de nid, on fixe le dernier tour de la tresse de manière qu'il dépasse un peu le tour précédent. Il faut aussi que la galette ait une forme plutôt ovale que ronde, qui se rapproche de celle du pied.

Dans l'intérêt de la ferrure rationnelle, il n'est pas prudent de rapprocher les éponges. La forme du fer doit, au contraire, être uniquement en rapport avec la conformation de chaque pied.

Par contre, il est utile, pour assurer la fixité de la semelle de prendre les dispositions suivantes, quand on ferre des chevaux auxquels on a l'intention de l'appliquer :

a) Le fer doit présenter un talus très incliné jusqu'à 2 centimètres de l'extrémité des éponges ; on peut même couper le bord supérieur et interne avec la tranche (marteau qui sert à faire la rainure du fer anglais).

b) On peut lever un pinçon à la face interne de chaque branche, environ à 3 ou 4 centimètres de l'extrémité. Ces pinçons empêchent surtout la semelle de glisser en arrière.

L'expérience a démontré l'utilité des semelles de paille dans les cas suivants :

1º L'usage d'une semelle de paille, soit à l'écurie, soit au dehors chez les chevaux blessés à la sole et à la fourchette (clou de rue, enclouure, abcès sous-corné, fourchette pourrie, crapaud, etc.) avance la guérison ; la remise au travail peut avoir lieu avant guérison complète, sans que celle-ci en soit retardée.

La sole sera enduite avant l'application de la semelle, avec de l'acide phénique brut, de l'huile de cade, une solution phéniquée ou du goudron de bois : on prévient ainsi la pourriture ou on la fait disparaître si elle existe déjà. La semelle peut, dans ce cas, être laissée dans le sabot, pendant plusieurs jours ;

2º Chez les chevaux qui présentent de l'encastelure, du décollement de la paroi, des formes, des seimes ou d'autres lésions analogues du pied, la semelle de paille est très utile pendant le travail sur un terrain sec. Avant d'être posée, elle doit être humectée, principalement quand le temps est chaud et sec. Si des circonstances spéciales ne nécessitent pas son maintien à demeure, elle sera retirée après le travail ;

3º Lorsque les chevaux travaillent d'une façon suivie sur du mauvais pavé, sur un terrain pierreux et inégal, l'usage de la semelle les protège avantageusement contre l'ébranlement du sabot, l'enfoncement des pierres, etc... ;

L'employer comme dans le cas précédent.

En cas de neige, les semelles de paille n'empêchent la neige de botter que lorsqu'elles sont neuves et sèches ; au lieu de les employer, il est préférable alors de recouvrir la sole et la paroi d'une forte couche de savon mou.

FERRURE A GLACE. — Pour l'exécution de la ferrure à glace avec chevilles on a adopté dans l'armée des matrices spéciales et des poinçons de deux grandeurs différentes, savoir :

Une grande matrice avec poinçon pour les cuirassiers, l'artillerie et le train, et une petite matrice avec poinçon pour les ulans et la cavalerie légère.

La matrice est en acier, elle se compose d'une tête rectangulaire pourvue de deux canaux et d'une partie inférieure, la tige que l'on introduit dans le trou de l'enclume quand on se sert de l'appareil.

En admettant que le fer qui doit être muni de fortes chevilles a une épaisseur de 14 millimètres et au-dessus, que celui qui doit en recevoir de petites ait une épaisseur de 12 millimètres et plus, les dimensions des matrices sont les suivantes en millimètres :

MATRICES pour chevilles à glace.	PARTIE SUPÉRIEURE.			TIGE.	Épaisseur.		CANAUX. Supérieur ouvert.			Inférieur fermé.		
	Hauteur.	Largeur.	Épaisseur.	Longueur.	A la tête supérieure.	A la pointe inférieure.	Partie la plus large.	Partie moyenne.	Partie la plus étroite.	Partie la plus large.	Partie moyenne.	Partie la plus étroite.
Grandes, pour cuirassiers, artillerie et train.	40	46	24	55	15	13	11,2	10,2	9,2	11,2	10,2	9,2
Petites, pour ulans et cavalerie légère.	40	46	22	55	15	13	9,5	8,6	7,7	9,5	8,6	7,7

La matrice sert à la fabrication des chevilles et au contrôle de leurs dimensions. On emploie pour faire les chevilles des barres de fer carrées, de grosseur proportionnée, que l'on obtient en soudant des vieilles déferres. Ce procédé est le meilleur au point de vue de la résistance, mais on peut aussi acheter les barres toutes faites dans le commerce.

Les barres sont martelées à froid, jusqu'à ce qu'elles s'adaptent par tous les points dans le canal supérieur et ouvert de la matrice. La partie ainsi martelée est introduite ensuite, ou enfoncée par de légers coups, dans le canal inférieur et fermé. On casse les deux extrémités qui dépassent, en employant une tranche sur laquelle on donne un coup vigoureux et sec avec le marteau à frapper devant.

Le morceau qui reste dans la matrice constitue la cheville à glace sans pointe.

Pour confectionner une cheville pointue, on casse seulement l'extrémité antérieure, on retire la barre, on la place entre la tranche et l'arête de l'enclume, exactement au point jusqu'où la barre avait pénétré dans le canal inférieur; on la coupe par des coups légers et rapides exécutés avec le marteau à frapper devant.

Pour que l'arête soit égale, il faut retourner fréquemment la barre pendant l'opération. Malgré l'allongement qui se produit toujours dans ce cas, la cheville ne doit pas être plus longue que 28 ou 24 millimètres.

Les irrégularités qui se produisent aux deux extrémités, soit par la cassure, soit par la coupure, doivent être égalisées à la lime ; on doit tâcher, pendant cette opération, de ramener le crampon à sa longueur réglementaire ; on obtient, de cette façon, des crampons à glace des dimensions suivantes.

Les mesures sont en millimètres.

CATÉGORIE de troupes.	CHEVILLES A GLACE MOUSSES.						CHEVILLES A GLACE AIGUES.					
	Longueur totale.	Longueur		Épaisseur de			Longueur totale.	Longueur		Épaisseur de		
		de tige.	de tête.	tige à l'extrémité.	tige au point de jonction avec la tête.	la tête à l'extrémité.		de tige.	de tête.	tige à l'extrémité.	tige au point de jonction avec la tête.	la tête à l'extrémité.
Cuirassiers, artillerie et train.	24	12	12	9	10	11	28	14	14	9	10,2	12
Ulans et cavalerie légère...	22	12	10	7,5	8,5	9,3	24	12	12	7,5	8,5	11

On perce dans les éponges du fer les trous destinés à recevoir les chevilles au moyen du poinçon ordinaire et de l'étampe ; on leur donne les dimensions voulues avec le poinçon à chevilles à glace.

Le forage se fait en partant de la rainure inférieure du fer; les marteaux doivent être très exactement maintenus perpendiculaires à sa surface. Les meilleurs outils pour ce travail sont le poinçon ordinaire et l'étampe dont le maniement est simple et permet d'éviter plus facilement que le fer ne se plie pendant l'opération.

On commence avec le poinçon à percer le trou, à un centimètre environ de l'extrémité de l'éponge, et cela en tenant l'instrument dans le sens de la largeur du fer; puis on se sert de l'étampe qui doit être tenue alternativement dans le sens de la longueur et de la largeur. On pratique une ouverture suffisamment grande pour pouvoir loger la pointe du poinçon à glace. L'arête qui se produit, pendant l'opération, à la circonférence du trou, doit toujours être enlevée à la lime et non aplatie au marteau.

L'ouverture ainsi produite s'appelle l'étampure provisoire pour cheviller à glace.

On lui donne les dimensions nécessaires pour recevoir le crampon, en enfonçant le poinçon à glace.

Les dimensions du poinçon à glace sont les suivantes en millimètres :

| POINÇON pour chevilles à glace. | TÊTE. | | | TIGE. | | | | POINTE. | | |
| | Longueur. | Épaisseur. | | Longueur. | Épaisseur. | | | Longueur. | Épaisseur. | |
		en haut.	en bas.		à la pointe.	à 14 millimètres sous la tête.	Immédiatement derrière la tête.		en haut.	en bas.
Gros, pour cuirassiers et train.....	22	10	17	42	6,7		10,2	5	6,7	0
Petit, pour ulans et cavalerie légère..	22	10	17	36	5,5	12mm à la tête. 7,5	8,5	5	5,5	0

L'emploi de l'instrument a lieu comme il suit :

Les éponges du fer sont chauffées jusqu'au rouge-brun. La pointe du poinçon, placé verticalement à la surface d'appui, est enfoncée dans le trou provisoire par de petits coups légers et rapides jusqu'à la profondeur jugée nécessaire.

Pour un fer de 14 millimètres, qui doit être muni de grosses chevilles dont la tige mesure 14 millimètres, le grand poinçon doit être enfoncé jusqu'à la tête ; il en est de même du petit poinçon pour un fer de 12 millimètres qui doit être muni de petites chevilles mesurant 12 millimètres de tige. Si l'on veut appliquer des crampons gros et aigus sur un fer de moins de 14 millimètres ou des petits crampons sur un fer de moins de 12 millimètres, les poinçons doivent être enfoncés au moins d'une quantité égale à l'épaisseur qui manque au fer pour atteindre les dimensions normales. Quand le fer est complètement terminé et refroidi, il faut le retoucher pour faire disparaître les petites inégalités qui peuvent résulter de la contre perçure des étampures, limage, etc.; le trou percé dans le fer rouge se rétrécit par le refroidissement et doit être ramené de nouveau aux dimensions réglementaires.

Cette retouche consiste à enfoncer de nouveau le poinçon huilé jusqu'au point où il avait pénétré, lorsque le fer était au rouge-brun ; mais jamais plus loin.

Le forage des trous et l'introduction du poinçon, que le fer soit chaud ou froid, doivent toujours se faire au-dessus d'une ouverture de dimensions correspondantes (trou de l'enclume ou anneau d'étampe), afin que le fer ne se torde pas. On serait sans cela forcé de le redresser ce qui élargirait le trou à sa partie inférieure et lui donnerait la forme d'un entonnoir ; les crampons perdraient ainsi toute adhérence.

En retirant le poinçon, il faut veiller absolument à ne pas déformer les parties de fer environnantes. Pour cela ce n'est pas la partie la plus considérable du fer, celle qui est comprise entre les tenailles et le poinçon, qui est placée sur le bord de l'enclume, mais la portion plus petite, comprise entre le trou et l'extrémité de l'éponge. Un très léger coup sur l'extrémité du poinçon suffit pour le faire sortir.

Le poinçon à chevilles à glaces s'use facilement aux angles par son introduction fréquente dans du fer froid ou chaud, aussi doit-il être manié avec circonspection et ses dimensions soigneusement contrôlées. Quand on s'en est servi sur du fer chaud, il faut bien le refroidir aussitôt qu'on l'a retiré.

Après avoir nettoyé les étampures avec un clou ou un objet pointu quelconque, on introduit la première cheville en donnant un léger coup avec un marteau ou une pierre. Pour enfoncer la deuxième, il faut maintenir la première avec le doigt. L'arête du crampon interne est perpendiculaire à la direction de la branche, celle du crampon externe suit cette direction.

Pour enlever les crampons il suffit de donner alternativement des coups légers de chaque côté de la partie encore saillante et de frapper à côté, sur la face inférieure du fer.

Comme la bonne exécution de la ferrure à glace dépend de l'instruction du personnel de la maréchalerie, il est nécessaire que celui-ci soit couramment exercé à ce travail. Cet exercice ne doit pas consister uniquement à percer des trous; il est beaucoup plus important de savoir ajuster la cheville dans l'ouverture et l'y fixer solidement.

On ne peut se rendre compte de la valeur du travail qu'en employant la ferrure à glace dans les conditions atmosphériques auxquelles elle est destinée.

Les poinçons à cheville qui viennent à être mis hors d'usage, doivent être remplacés par les maréchaux et fabriqués par eux-mêmes.

Le poinçon est bien ajusté à la matrice quand, après avoir été introduit dans la partie la plus étroite du canal, sa tête reste éloignée de la matrice d'une longueur égale à celle de la tige du crampon (qui doit être appliquée dans le fer).

Observations. — Dans la confection des crampons, les maréchaux n'accordent généralement pas assez d'attention à la tige qui doit être introduite dans le fer. Souvent elle n'est pas carrée ou elle est trop mince. On la vérifie en introduisant le crampon par son bout le plus mince dans la partie étroite du canal ouvert de la matrice. Il doit y pénétrer jusqu'à 2 millimètres au moins de l'extrémité.

Si les chevilles aiguës sont coupées trop vite, en frappant des coups trop forts et trop peu nombreux, il en résulte une pointe mousse.

Les chevilles aiguës sont souvent coupées trop courtes.

En coupant les chevilles on omet de retourner la barre, de sorte que l'arête est oblique.

Si on refoule l'arête du trou en frappant avec le marteau sur la face postérieure du fer, l'ouverture du trou sur la surface intérieure s'élargit.

Pour les fers qui ont moins de 14 ou de 12 millimètres, si on introduit complètement le grand ou le petit poinçon, l'ouverture devient trop large.

Quand on enfonce le poinçon au-dessus d'une ouverture trop grande, le fer se courbe.

Si l'on omet la retouche après refroidissement du fer, le crampon n'entre plus dans l'ouverture.

Telles sont les dispositions les plus intéressantes du règlement du 6 mai 1886, en ce qui concerne la maréchalerie.

La pratique que les Allemands ont de la ferrure à glace nous a engagés à entrer à ce sujet dans des détails dont l'intérêt n'échappera pas à nos lecteurs.

INSTRUCTION AU SUJET DES ÉPIDÉMIES

L'appendice du règlement du 6 mai 1886 contient, dans sa première partie, d'intéressantes prescriptions relatives aux épidémies qui peuvent sévir sur les chevaux des corps de troupe.

Il décrit pour chaque maladie les principaux symptômes qui font reconnaître le danger. En même temps il prescrit les mesures à prendre pour limiter et enrayer le mal. Ce sont ces dernières prescriptions que nous développerons, sans nous arrêter aux détails techniques qui les accompagnent. Les droits et les responsabilités de chacun y sont nettement déterminés. Ils sont de nature à entretenir la vigilance des chefs de corps auxquels ils donnent le moyen d'étouffer sans hésitation les germes de l'épidémie dès ses premières manifestations.

CHAPITRE PREMIER.

Dispositions générales.

Les mesures sanitaires concernant les maladies contagieuses des animaux sont réglementées par les dispositions légales suivantes :

1° Loi impériale du 23 juin 1880 concernant les mesures préventives et l'extinction des épizooties (1);

2° Règlement d'administration publique complémentaire de cette loi, promulgué par le Bundesrath, 24 février 1881 (2);

3° Loi portant règlement d'administration publique pour la Prusse, du 12 mars 1881 (3);

4° Loi portant règlement d'administration publique pour l'Alsace-Lorraine du 27 mars 1881, avec ordonnance du 28 mars 1881 (4);

5° Par les autres arrêtés et règlements de police locale qui ont été promulgués ou sont à promulguer d'après les lois précédentes.

Règles sanitaires pour l'armée. — L'administration militaire est laissée libre de prendre elle-même, en ce qui concerne ses propres animaux, les mesures sanitaires qu'elle juge nécessaires pour préserver ses chevaux et son bétail d'approvisionnement.

Ces mesures sont réunies dans la présente instruction sanitaire pour ce qui a trait aux chevaux. Quant aux animaux d'approvisionnement, on se conformera à l'esprit des prescriptions contenues dans les lois précitées.

Les épidémies d'animaux se divisent en deux catégories : pour les unes, la déclaration est obligatoire; pour les autres, cette obligation n'est pas légalement prescrite, ou ne peut l'être que d'une façon transitoire par le chancelier de l'empire.

Les maladies contagieuses des chevaux pour lesquelles la déclaration légale est obligatoire sont les suivantes :

La morve,
Le charbon,
La gale,
La rage,
La dourine.

Les maladies des chevaux que la loi n'oblige pas à déclarer, mais qui doivent néanmoins être considérées comme épidémiques soit :

---

(1) *Armee Verordnungsblatt*, 1880, n° 15.
(2) *Armee Verordnungsblatt*, 1881, n° 11.
(3) *Id.*
(4) *Id.*

La pneumonie contagieuse (fièvre typhoïde),
L'érysipèle (tumeurs charbonneuses),
Le horsepox.

RESPONSABILITÉ DES CHEFS DE CORPS. — Les chefs de corps doivent veiller sous leur responsabilité, et conformément aux prescriptions qui suivent, à ce que toutes les mesures nécessaires soient prises en temps opportun pour préserver des épidémies les chevaux des corps qu'ils commandent.

Si malgré cela une épidémie venait à éclater, ils doivent veiller à ce que tout soit fait pour la limiter et l'étouffer le plus rapidement possible.

C'est là une obligation à laquelle, en temps de paix, tous les autres intérêts du service doivent être subordonnés.

Le personnel vétérinaire a le devoir de provoquer les mesures nécessaires en temps opportun.

Si des circonstances particulières rendent nécessaire une extension quelconque des mesures préventives indiquées ci-après, on doit en demander l'autorisation au général commandant.

Les commandants de troupes, particulièrement les commandants d'escadron, de batterie et de compagnie, ont le devoir de faire en sorte que les hommes et les sous-officiers des corps sous leurs ordres aient une connaissance suffisante de la présente instruction.

CONTRÔLE DE L'ÉTAT SANITAIRE EN GARNISON ET APRÈS LES MANŒUVRES. — Une visite de tous les chevaux doit être passée chaque quinzaine et plus fréquemment encore après les exercices d'automne. Pendant cette visite, le vétérinaire examine l'état sanitaire des animaux : il fait un rapport sommaire de ces observations.

Ce rapport est signé par le commandant de l'escadron, de la batterie ou de la compagnie et par le vétérinaire ; on doit y indiquer spécialement si tous les chevaux ont été examinés et s'ils ont été trouvés indemnes de maladies contagieuses.

Du reste, il faut tenir la main à ce que les chevaux soient examinés tous les jours au point de vue des symptômes de ces maladies, par les hommes de troupe ou par les chefs de pièce ou de peloton ; tous les changements que l'on pourrait remarquer dans leur état doivent immédiatement être signalés.

Chaque escadron, batterie, etc... doit établir une liste de tous ses chevaux dans l'ordre où ils sont placés dans les écuries de la garnison ; cette liste est signée par le commandant de l'unité. Les différentes places doivent être munies d'un numéro qui correspond à celui de la liste de contrôle. Toutes les fois qu'un cheval est déplacé on doit en prendre note, de façon qu'en tout temps on puisse retrouver sur la liste à quelle place se trouvait un cheval à un moment donné, et quels étaient ses voisins.

Autant que faire se peut, de semblables listes sont tenues dans les cantonnements où l'on reste plusieurs jours, de même que dans les camps.

En ce qui concerne la ventilation des écuries militaires et la question de la litière, on s'en rapportera aux principes fondamentaux indiqués dans l'appendice I de l'instruction.

MESURES PROPHYLACTIQUES GÉNÉRALES CONTRE L'INVASION DES MALADIES CONTAGIEUSES. — Comme on sait par expérience que les épidémies des corps de troupe sont le plus souvent introduites de l'extérieur, il convient de limiter le plus possible le contact des chevaux de troupe et d'officiers avec des animaux étrangers et inconnus.

On doit éviter, pendant les premières semaines, que les chevaux de remonte venant du commerce, soient en contact dans les écuries, forges et carrières, avec les chevaux en service ; ils doivent être isolés et observés.

Quand on emploie simultanément des attelages de troupe et des attelages de louage, le devoir du personnel vétérinaire est d'examiner ces derniers et de prendre en temps opportun les mesures préventives nécessaires.

Les chevaux de particuliers qui doivent être ferrés dans une forge militaire sont examinés avant d'y entrer par le vétérinaire de service à moins que celui-ci ne les sache absolument sains. S'ils sont en quoi que ce soit douteux, ils ne seront pas admis à la forge.

Les germes d'épidémie peuvent aussi être transportés par les fourrages. Aussi évitera-t-on l'achat de fourrages dans une région infectée (1).

---

(1) Il faut porter son attention d'une façon toute particulière sur les régions dans lesquelles le charbon serait endémique.

Les escadrons, batteries, etc..., tiennent un registre dans lequel sont consignées les localités voisines de leur garnison où un commencement d'épidémie a été signalé (1). Ils doivent de plus prendre des mesures appropriées pour éviter autant que possible la contagion à l'occasion d'exercices, de permissions ou d'incorporations d'hommes venant des localités infectées.

MESURES SPÉCIALES CONTRE LE DANGER D'INFECTION PAR LES MALADIES CONTAGIEUSES. — Les hommes chargés de donner leurs soins aux animaux contaminés (y compris les maréchaux) doivent être bien au courant du danger de la contagion et des mesures de précaution à prendre en pareil cas.

Dans les écuries d'isolement, les hommes portent des souliers spéciaux et des habits ordinairement en treillis. Lorsqu'ils quittent l'écurie, ils déposent souliers et habits dans un endroit réservé à cette destination, et se lavent les mains de la manière qui est prescrite dans chaque cas particulier.

Le vétérinaire doit prendre avec grand soin les mêmes précautions pour ne pas propager la maladie en visitant d'autres animaux malades. En particulier, il commencera toujours sa visite par les animaux qui paraissent sains et passera seulement ensuite à ceux qui sont malades.

En examinant les malades et pour toutes les autopsies, le vétérinaire est tenu de mettre sur ses habits une sorte de sarreau en treillis qui doit lui être fourni par le corps.

Personne ne doit dormir dans l'écurie des contagieux qui est toujours fermée à clef; il est défendu d'y séjourner sans motif. L'accès des écuries destinées aux animaux malades ou suspects n'est permis qu'au personnel de service.

Chaque cheval isolé a un seau et des instruments de pansage spéciaux : ces objets, ainsi que le harnachement, sont marqués d'une façon très visible et ne doivent être portés dans aucune autre écurie pendant toute la durée de l'isolement.

Les seaux ayant servi aux chevaux isolés ne doivent pas être employés pour laver, ni pour aucun usage analogue; les couvertures ne peuvent pas être utilisées pour le couchage des hommes.

---

(1) On se tiendra au courant des annonces officielles qui peuvent être faites à ce sujet.

CHAPITRE II.

Morve. — Charbon. — Gale. — Rage.

Morve.

GÉNÉRALITÉS. — La morve se produit par contagion. On distingue la morve du nez et la morve de la peau.

La première est la morve proprement dite ; la deuxième, est connue sous le nom de farcin : l'une et l'autre peuvent être aiguës et chroniques.

L'instruction énumère les différents symptômes de ces maladies ; nous ne nous y arrêterons pas et nous passerons tout de suite à l'examen des mesures sanitaires à prendre pour combattre la contagion.

MESURES SANITAIRES. — Aussitôt qu'un cheval présente les symptômes de la morve ou quelque chose d'analogue, il doit être séparé sans retard des chevaux sains.

La place qu'il occupait est condamnée. Le harnachement, les instruments de pansage et la couverture sont aussitôt isolés jusqu'à nouvel ordre, de façon qu'ils ne puissent communiquer aucune contagion. La maladie est tellement contagieuse dès le début, qu'il faut, même s'il n'y a pas de vétérinaire, que l'isolement ait lieu sans retard. Le cheval est ensuite examiné par une commission nommée par le chef de corps : celle-ci se compose d'un ou de deux officiers et de deux vétérinaires, dont un vétérinaire supérieur ou son suppléant.

Cette commission peut émettre les conclusions suivantes :

a) *Le cheval est morveux :*

L'animal est abattu immédiatement et l'autopsie est pratiquée en présence de la commission. L'abatage est exécuté dans un endroit écarté ou sur un terrain spécial désigné par la police. Cette dernière désigne également la fosse où le cadavre doit être enfoui. Le déplacement du cheval morveux demande une grande prudence pour éviter tout contact avec d'autres chevaux.

Les cadavres de chevaux morveux sont enterrés et la peau

tailladée dans la fosse. Pour empêcher l'utilisation des viandes, on les arrosera de pétrole ou de substances analogues, à moins cependant qu'un autre mode de destruction ne puisse être employé. Les fosses seront suffisamment profondes pour que les cadavres soient recouverts d'au moins un mètre de terre.

b) Le cheval est suspect :

Dans ce cas, l'isolement continue. En même temps, il est bon d'inoculer des cobayes avec le jetage ou le produit des plaies de la peau.

c) Le cheval est sain ou non morveux :

Toutes les mesures d'isolement et d'observation sont supprimées.

Quand un cheval morveux a été abattu dans un corps de troupe, on considère comme morveux et on abat tous les animaux qui ont été exposés à la contagion et qui présentent un jetage suspect, un glandage dur, principalement dans l'auge, des cordes lymphatiques, des boutons dans et sous la peau et des engorgements suspects aux membres. La présomption sera d'autant plus fondée qu'un animal présentera plusieurs de ces symptômes réunis, ou bien encore lorsqu'à côté de l'un d'eux on constatera des apparences de pousse, le mauvais état des poils ou une misère physiologique très accusée.

On traite comme douteux les animaux qui ont séjourné dans l'écurie à côté d'un cheval morveux ou suspect, qui ont été pansés avec les mêmes instruments que lui, qui se sont trouvés dans le rang, dans un attelage, ou ont été d'une manière quelconque en contact avec lui : ils sont isolés, dans un local séparé des autres chevaux malades et suspects.

Quand il est établi que des chevaux de troupe se sont trouvés en contact avec des chevaux du dehors, chez lesquels des symptômes de morve ont été ensuite constatés, on doit les isoler également.

Les chevaux isolés ne font pas de service. On les monte tous les jours jusqu'à ce qu'ils soient en sueur, ou, si c'est possible, on les met à la longe sans cavalier.

Ce travail ne doit cependant jamais avoir lieu dans la carrière, mais toujours au dehors et dans des endroits où il ne vient pas d'autres chevaux.

Même pour ce travail, les chevaux isolés ne seront pas réunis les uns aux autres.

On fait boire les chevaux isolés, autant que le permettent les dispositions locales, à un abreuvoir spécial, qui est interdit aux autres animaux. Les soins aux pieds se donnent dans l'écurie d'isolement où doivent rester les instruments nécessaires.

Si les symptômes suspects du cheval isolé par décision de la commission disparaissent, la commission est réunie de nouveau. Elle déclare l'animal sain, ou le laisse encore isolé et propose ensuite au chef de corps un terme pour la cessation de l'isolement.

Lorsque la présomption est très grande ou que des circonstances particulières empêchent un isolement plus prolongé, on peut demander l'abatage au général commandant. Si ensuite, à l'autopsie, le cheval se trouve être sain, on cesse l'isolement des autres chevaux.

Les hommes chargés de soigner des chevaux suspects de morve ne doivent avoir aucun contact avec les autres chevaux du corps. Il est interdit de commander pour le service des suspects des hommes qui auraient des plaies ou des écorchures soit aux mains, soit à la figure, ou qui seraient atteints de catarrhes des voies respiratoires et des conjonctives. A cet effet, les hommes de service passent une visite médicale tous les jours. Les personnes qui approchent les chevaux suspects doivent éviter autant que possible d'être mouillés par l'ébrouement de ces animaux; si cet inconvénient se produisait, elles devraient immédiatement se nettoyer la figure et les mains avec du savon et laver les parties de leurs vêtements qui auraient été souillées.

On n'appliquera jamais les liniments ou les onguents, pas plus qu'on n'enlèvera le jetage avec la main nue. Lorsque les mains auront été souillées de jetage, elles seront soigneusement nettoyées. L'homme évitera de se toucher les conjonctives ou la muqueuse nasale avant d'avoir pris ces soins de propreté.

Les hommes, qui quittent l'écurie d'isolement, se laveront les mains avec une solution phéniquée à 50 p. 100 ou avec une solution au sublimé à 1 p. 1000; ces solutions sont préparées dans un vase spécial et renouvelées selon les besoins.

Tous les chevaux non isolés de l'escadron, de la batterie, etc..., où un cas de morve, reconnu ou douteux, a été constaté, sont mis en observation pendant six mois à compter du jour où s'est produit le dernier cas morbide. Il en est de même pour tous les chevaux qui ont séjourné dans une écurie en même temps qu'un cheval morveux ou suspect, qui ont été montés dans le même parcours, manège ou carrière, de même encore pour ceux qui ont été introduits dans une écurie morveuse avant sa désinfection. Le chef de corps décide, suivant les circonstances locales, s'il y a lieu de prendre des mesures plus sévères. Cependant, l'autorisation du général commandant est nécessaire pour prolonger la période d'observation au delà de six mois.

Les généraux commandant décident aussi s'il y a lieu d'exclure certaines fractions du régiment contaminé des manœuvres d'ensemble et dans quelle proportion cela doit se faire. La décision prise à ce sujet est immédiatement communiquée au ministère de la guerre.

La mise en observation des chevaux est soumise aux dispositions générales qui vont suivre ; les chefs de corps ont le droit d'ordonner des mesures spéciales, s'ils le jugent nécessaire en raison des circonstances particulières à chaque garnison.

(a) Les chevaux en observation sont employés dans le service en formant une catégorie spéciale ; ils ne changent point de place dans l'écurie ni dans le rang.

(b) La litière ne doit pas être sortie de l'écurie pour être séchée, mais toujours laissée sous forme de litière-matelas.

La litière en tourbe n'est pas changée.

(c) Chaque pièce du harnachement appartenant au cheval est marquée d'une façon très visible et ne doit pas être employée pour un autre animal ; il en est de même des instruments de pansage.

(d) Les seaux, les balais d'écurie et les autres ustensiles d'écurie communs sont également marqués et ne sont utilisés que pour un nombre déterminé de chevaux.

(e) Les naseaux, etc..., des chevaux ne sont nettoyés que d'après les indications du vétérinaire, tant que dure l'observation.

Tous les chiffons à nettoyer qui ont servi jusque-là sont brûlés.

(f) Les chevaux sont examinés tous les jours par le vétérinaire. De plus, la commission est réunie à des époques déterminées par le chef de corps ; après examen, elle dresse procès-verbal de toutes les remarques qu'elle a faites.

L'épidémie est considérée comme terminée lorsque les chevaux isolés ont été déclarés sains, que la désinfection a été pratiquée et que la période-d'observation s'est écoulée sans que de nouveaux cas morbides se soient présentés.

Charbon.

SYMPTÔMES GÉNÉRAUX. — Le charbon est une maladie contagieuse à marche très rapide et à dénouement ordinairement mortel ; elle apparaît subitement et atteint en général les jeunes chevaux, vigoureux et bien nourris.

Le charbon se développe spontanément ou se transmet par contagion. Dans certaines régions déterminées, il se produit spontanément chez les herbivores. Le charbon spontané peut se transmettre par contagion. Le contage existe dans toutes les parties du corps, principalement dans les liquides des animaux malades et des cadavres. La contagion peut être directe d'animal à animal ou avoir lieu par des intermédiaires. Les mouches et autres insectes sont des agents de transmission dangereux. Comme agents de transmission on peut citer de plus : la paille, le foin, les ustensiles d'écurie, les harnais des animaux, etc...; en un mot, tous les objets qui ont été en contact avec des animaux malades, morts ou abattus pour charbon, ou qui ont été souillés par leur sang. Les aliments peuvent également transmettre le contage.

Les herbivores y sont prédisposés ; mais, parmi ceux-ci, ce sont encore les animaux les mieux nourris et les plus vigoureux qui sont atteints le plus souvent. La maladie peut aussi se transmettre à l'homme. La contagion se fait ordinairement par des plaies qui ont été en contact avec le sang ou d'autres déjections d'animaux malades ou de cadavres (1).

MESURES PROPHYLACTIQUES. — Aussitôt qu'un cheval présente des symptômes de charbon, il doit, sur-le-champ, être isolé. La place qu'il occupait est condamnée ; la selle, les harnais, les effets

---

(1) *Le typhus des chevaux* (fièvre putride) ne doit pas être confondu avec le charbon.

de pansage et la couverture sont mis de côté et conservés à l'écart jusqu'à nouvel ordre. Le cheval est ensuite examiné par une commission composée comme il est prescrit dans le cas précédent.

Le procès-verbal de la commission peut conclure de la façon suivante :

a) *Le cheval est atteint de charbon :*

L'animal reste isolé et ne peut quitter l'écurie d'isolement.

b) *On a des raisons fondées pour considérer le cheval comme atteint de charbon :*

Le cheval est isolé provisoirement jusqu'à ce que la présomption ait été confirmée.

c) *Le cheval est sain ou n'est pas atteint de charbon :*

Toutes les mesures de précaution cessent.

Si un cheval meurt du charbon ou avec des symptômes qui le font suspecter, l'autopsie du cadavre sera faite en présence de la commission.

Jusqu'à ce qu'on ait fait disparaître les cadavres, on devra les mettre à l'abri des mouches et des insectes.

Les cadavres sont enfouis, s'ils ne peuvent être détruits autrement. La peau est tailladée dans la fosse et rendue inutilisable, et le cadavre est arrosé de purin, de résine ou de pétrole. Le dépouillement du cadavre est défendu.

La police locale désigne l'endroit où la destruction et l'enfouissement doivent avoir lieu.

Pendant le transport, les cadavres sont complètement recouverts. Le véhicule qui les contient doit être disposé de telle sorte que le sang et les excréments ne puissent se répandre.

Les fosses seront suffisamment profondes pour que les cadavres soient recouverts par un mètre de terre au moins.

Les excréments, le sang et les autres déchets provenant d'animaux ou de cadavres charbonneux, la litière et le fumier provenant de l'écurie des malades sont soigneusement mis en tas et brûlés ou enfouis comme les cadavres.

Les hommes qui ont des plaies aux mains ou sur d'autres parties découvertes du corps ne pourront être employés pour soigner les chevaux malades. Le contact du sang ou des autres déchets de ces animaux est dangereux : les hommes de service l'éviteront autant que possible. Si le contact se produit néanmoins, les parties souillées du corps et des habits seront immédiatement et soigneusement lavées avec du savon et ensuite désinfectées avec une solution phéniquée (50 parties d'acide phénique ou 1 partie de sublimé pour 1000 d'eau). Chaque fois que les hommes quittent l'écurie d'isolement, ils se lavent également. La solution de sublimé et d'acide phénique doit, par conséquent, être toujours prête à l'avance dans l'écurie.

L'épidémie est considérée comme terminée lorsque les chevaux malades sont morts, les cadavres enlevés et la désinfection exécutée.

Gale.

CARACTÈRES GÉNÉRAUX. — La gale est une maladie de peau occasionnée par de très petits parasites, à peine visibles à l'œil nu (acares). Chez le cheval on connaît trois sortes d'acares, et en conséquence on distingue trois sortes de gale : la gale sarcoptique, la gale sporoptique et la gale symbiotique.

MESURES SANITAIRES (1). — Aussitôt qu'un cheval présente des symptômes de gale, il est isolé, sa place est barrée ; sa selle, ses harnais, sa bride, ses effets de pansage et sa couverture sont immédiatement mis à l'écart. Le cheval est ensuite examiné par une commission composée conformément aux prescriptions précédentes.

Cette commission peut conclure de la façon suivante :

a) *Le cheval est galeux :*

L'animal reste isolé.

b) *Il est probable que le cheval est atteint de gale :*

Le cheval reste provisoirement isolé jusqu'à ce que la commission ait jugé que la présomption n'était pas fondée.

c) *Le cheval est sain ou du moins n'est pas galeux :*

Toutes les mesures d'isolement et d'observations cessent.

---

(1) Ces prescriptions ne s'appliquent qu'aux gales sarcoptiques et spooptiques.

Les chevaux isolés ne sont pas utilisés pour le service. Les animaux galeux sont exercés à la longe sans cavalier, en plein air, dans des endroits où ne viennent pas d'autres chevaux.

Les soins aux pieds se donnent dans l'écurie d'isolement, où restent les instruments nécessaires.

L'isolement cesse lorsque les chevaux déclarés galeux par la commission ne présentent plus aucun symptôme douteux, dans les six semaines qui suivent la fin du traitement, et lorsque la désinfection réglementaire a été pratiquée.

Les hommes qui quittent l'écurie d'isolement doivent se laver les mains avec du savon.

Tous les chevaux de l'escadron, de la batterie, etc..., dans lesquels un cas de gale s'est présenté, sont mis en observation pendant six semaines, à partir de l'apparition du dernier cas. Il en est de même de tous les chevaux qui ont séjourné dans la même écurie ou qui ont été montés dans la même carrière.

Les chevaux en observation sont utilisés dans le service, mais ne changent pas de place dans l'écurie. Ils sont visités tous les jours par le vétérinaire et par la commission qui se réunit à des époques déterminées par le chef de corps ; cette commission dresse un procès-verbal des remarques qu'elle a faites.

L'épidémie est considérée comme terminée, lorsque les périodes indiquées ci-dessus se sont écoulées, sans que de nouvelles manifestations suspectes se soient produites.

Rage.

SYMPTÔMES GÉNÉRAUX. — La rage est une maladie contagieuse à marche rapide et incurable qui sévit principalement chez les animaux du genre chien (chien, renard, loup, chacal, hyène), et qui est transmissible à l'homme et à tous les animaux domestiques. Les chevaux ne sont contaminés presque exclusivement que par un chien enragé.

La nature du contage n'est pas connue ; il existe surtout dans la salive, ensuite dans le sang, et probablement aussi dans tous les solides et les liquides de l'économie.

L'inspiration de l'air au voisinage des animaux rabiques est sans danger ; la contagion n'est à craindre que lorsque le virus est transmis directement par une morsure, ou bien lorsqu'une excoriation de la peau ou une plaie sont souillées de salive ou d'autres liquides contenant du virus. La morsure d'un animal enragé n'est pas toujours suivie d'effet : si la peau est couverte d'habits de laine, de poils, etc..., la salive est souvent essuyée avant d'avoir pénétré dans la peau ; si la morsure saigne beaucoup, le contage peut être entraîné ; ou bien, si l'animal a mordu plusieurs fois de suite, il peut ne pas laisser de salive dans la plaie.

Il est reconnu, de plus, que certains animaux sont contaminés plus facilement que d'autres, et que, par conséquent, la contagion dépend aussi des dispositions individuelles.

D'une façon générale, les carnivores sont atteints plus facilement que l'homme et les herbivores.

Les plaies produites par la morsure guérissent ordinairement très vite ; mais, le plus souvent, les cicatrices deviennent très sensibles au commencement de la maladie. La période d'incubation dure, chez le cheval, de deux semaines à trois mois.

MESURES PROPHYLACTIQUES. — Un cheval que l'on sait ou que l'on présume avoir été mordu par un chien enragé ou suspect, sera mis en observation pendant trois mois.

Le cheval mis en observation sera examiné tous les jours par le vétérinaire du corps de troupe. Tant que le cheval est trouvé sain à la visite du vétérinaire, le chef de corps est libre de l'employer pour le service. Il ne change pas de place dans l'écurie ni dans le rang.

Aussitôt que le cheval présente des symptômes qui permettent de soupçonner la rage, il est isolé des chevaux sains, et sa place est barrée. Ensuite l'animal est examiné par une commission composée comme il est dit ci-dessus.

Cette commission peut émettre les conclusions suivantes :

a) *Le cheval est enragé :*

Dans ce cas, le cheval est tué d'un coup de feu, et l'autopsie est faite en présence de la commission.

b) *Il y a lieu de croire que le cheval est atteint de rage :*

Le cheval ne peut quitter l'écurie d'isolement, et reste isolé jusqu'à ce que la commission ait jugé que la présomption n'était pas fondée.

c) Le cheval est sain ou n'est pas atteint de rage :

Toutes les mesures d'isolement cessent.

Les cadavres des chevaux morts de la rage ou abattus, ou ceux qui sont suspects, sont enterrés avec la peau tailladée, dans le cas où ils ne peuvent être détruits d'une autre façon. Il est défendu de dépouiller le cadavre et de l'utiliser pour n'importe quel usage.

La police locale doit désigner l'endroit où la destruction et l'enfouissement doivent avoir lieu.

Toutes les mesures de précaution, de propreté et de désinfection prescrites ci-dessus pour les hommes de service aux écuries doivent être prises avec grand soin.

L'épidémie est considérée comme éteinte, aussitôt que les animaux malades sont morts ou abattus, que les cadavres ont été enlevés, que la désinfection est exécutée et que la période d'observation réglementaire est écoulée.

Procédés de désinfection.

RÈGLES GÉNÉRALES. — DÉPENSES. — 1° Quand un cheval est reconnu morveux, charbonneux, galeux ou enragé, la place qu'il occupe est immédiatement désinfectée.

Le colonel ou le chef de bataillon décide s'il y a lieu de désinfecter les places des chevaux suspects et les objets qui ont été en contact avec eux ; il indique à quel moment et dans quelle proportion cette désinfection doit se faire.

On trouvera ci-dessous, dans le tableau détaillé, toutes les mesures à prendre en ce qui concerne les objets qui ont été en contact avec ces animaux, tels qu'ustensiles d'écurie, instruments de pansage, objets d'habillement et de harnachement, voitures, etc.

2° La désinfection des écuries et autres bâtiments militaires est exécutée en présence d'un vétérinaire, par les soins de l'administration centrale de garnison ou des employés chargés de l'entretien des bâtiments et ustensiles.

3° Les écuries civiles dans lesquelles ont séjourné des chevaux de l'armée atteints de morve, de charbon, de gale ou de rage, ne sont occupées à nouveau que lorsque la désinfection y a été pratiquée sous la surveillance du commandant de la place, et conformément aux prescriptions réglementaires.

4° La police locale est requise de faire désinfecter les écuries et ustensiles d'écurie n'appartenant pas à l'armée et qui ne doivent plus être utilisés par un corps de troupe.

5° La désinfection des autres objets est opérée par le corps de troupe. Elle a lieu loin des écuries des chevaux sains et malades, ainsi que de la forge. Le séchage des objets lavés se fait également dans un local isolé.

6° Les hommes employés à la désinfection portent des habits de treillis. La désinfection a lieu sous la surveillance d'un officier et d'un vétérinaire.

7° L'écurie n'est occupée et les instruments ne sont remis en service que lorsqu'ils sont complètement secs.

8° Les manèges, carrières, forges, entrées des écuries sont également désinfectés quand la commission le juge nécessaire.

9° Les frais de la désinfection des bâtiments et des ustensiles, y compris le remplacement des objets détruits, sont attribués par l'intendance aux chapitres intéressés (fonds du service chargé de l'entretien des bâtiments militaires). Si le corps de troupe entretient lui-même son casernement, les dépenses sont supportées par la masse d'entretien du casernement qui lui est allouée.

Les dépenses de désinfection des effets d'habillement et de harnachement, si elles ne peuvent être supportées par la masse générale d'entretien du corps, sont attribuées, soit au fonds du ferrage, soit au fonds des médicaments vétérinaires, suivant que l'un est plus fort que l'autre.

10° Lorsque les fonds des corps de troupe ou de l'intendance sont insuffisants pour couvrir les dépenses, on demande de nouveaux crédits au ministre de la guerre.

DÉTAIL DES MESURES A PRENDRE DANS CHAQUE CAS PARTICULIER.

MORVE ET CHARBON.	GALE.	RAGE.

1° Sol des écuries.

A. *Sol ordinaire.* — *Sol argileux.*

MORVE ET CHARBON.	GALE.	RAGE.
Le fumier est enlevé, le sol est creusé à **20** centimètres de profondeur ; on couvre le fond d'une couche de chaux vive épaisse au moins de 5 centimètres. Le fumier enlevé est brûlé et la terre extraite est emportée, et on recouvre avec de la bonne terre nouvelle et sèche.	Comme pour la morve.	Lorsque le fumier est retiré, on enlève une couche de terre de 5 centimètres, et on la remplace par de la nouvelle terre.

B. *Sol pavé.*

MORVE ET CHARBON.	GALE.	RAGE.
Le sol est dépavé, la terre creusée à **45** centimètres de profondeur ; on dépose dans le fond une couche de chaux vive (épaisse au moins de 5 centimètres) et on comble avec de la terre fraîche et sèche. Le fumier est brûlé. La terre et le pavé anciens sont soigneusement enlevés et portés à l'écart de façon à ne pas devenir une cause de contagion.	La terre qui se trouve entre les pavés est enlevée avec une pioche. Les pavés sont arrosés avec de l'eau phéniquée chaude. Quand cette opération a été répétée deux jours de suite, les intervalles de pavés sont remplis de terre fraîche.	Le sol est nettoyé avec de la lessive chaude.

C. *Sol cimenté.*

MORVE ET CHARBON.	GALE.	RAGE.
Le ciment est enlevé et jeté dans un endroit écarté. La terre sous-jacente est traitée de la façon prescrite pour le sol pavé.	Le sol est nettoyé avec de la lessive chaude (solution de soude) ; cette opération est répétée le lendemain quand le sol est sec.	Comme pour la gale.

D. *Plancher en bois.*

MORVE ET CHARBON.	GALE.	RAGE.
Les planches sont arrachées et brûlées, le sol est creusé à 40 centimètres de profondeur, on couvre le fond de chaux vive ; on met de la terre fraîche et on remet du bois neuf.	Le bois est lavé avec de la lessive chaude (solution de soude). Cette opération est répétée quand le sol est sec.	Comme pour la gale.

E. *Asphalte, carrelage, mosaïque.*

Mêmes dispositions que pour C.

MORVE ET CHARBON.	GALE.	RAGE.

F. *Paille*

La paille est brûlée.

2· Murailles, plafonds, portes, bat-flancs, piliers.

A. *Les tuiles.*

MORVE ET CHARBON.	GALE.	RAGE.
Sont lavées avec de la lessive chaude et badigeonnées avec de la chaux vive. Quand il y a des pierres brutes, on les lave tous les 3 jours pendant 9 jours avec de l'eau phéniquée.	Sont nettoyées avec de la lessive chaude et relavées quand elles sont sèches. Quand il y a des pierres brutes, lavage avec de l'eau phéniquée. Répéter l'opération quand elles sont sèches.	Sont nettoyées avec de la lessive chaude.

B. *Ciment, ardoises, briques.*

V. art. 1. — C.

C. *Le pisé.*

MORVE ET CHARBON.	GALE.	RAGE.
Est complètement enlevé ou au moins sur une épaisseur de 3 centimètres. Le mur est lavé avec de l'eau phéniquée et reblanchi à neuf.	Grattage et lavage de la surface avec de l'eau phéniquée.	Est complètement enlevé ou au moins sur une épaisseur de 3 centimètres et remplacé.

D. *La chaux.*

MORVE ET CHARBON.	GALE.	RAGE.
Est grattée, le mur badigeonné de chaux vive ou lavé avec de l'eau phéniquée.	La couche superficielle est grattée, lavée à l'eau phéniquée et reblanchie.	La couche superficielle est grattée, lavée avec de la lessive chaude et badigeonnée.

E. *Les planches.*

MORVE ET CHARBON.	GALE.	RAGE.
Les planches mobiles qui ont été en contact avec le cheval sont brûlées. Le bois fixe est lavé d'abord avec de la lessive chaude et ensuite avec de l'eau phéniquée en grande quantité 3 fois dans les 9 jours.	Comme pour la morve.	Les murs en bois sont lavés avec de la lessive chaude.

F. *Le jonc, la paille, le papier, la matelassure.*

MORVE ET CHARBON.	GALE.	RAGE.
Sont arrachés, brûlés, le mur sous-jacent lavé avec de l'eau phéniquée pendant 9 jours tous les 3 jours.	Sont arrachés, brûlés; le mur sous-jacent lavé avec de la lessive chaude.	Comme pour la gale.

G. *Les pierres* (moellons).

MORVE ET CHARBON.	GALE.	RAGE.
Sont nettoyées avec de la lessive chaude et badigeonnées de chaux vive.	Sont lavées avec de la lessive chaude et avec de l'eau phéniquée lorsqu'elles sont sèches.	Sont lavées avec de la lessive chaude.

MORVE ET CHARBON.	GALE.	RAGE.
H. *Le fer et le fer-blanc*		
Sont lavés avec de la lessive chaude, frottés à plusieurs reprises avec de l'eau phéniquée, ensuite enduits de chaux vive; flambés si c'est possible.	Sont lavés avec de la lessive chaude, puis avec de l'eau phéniquée quand ils sont secs, et flambés si c'est possible.	Sont lavés avec de la lessive chaude, nettoyés avec de la chaux vive et flambés si c'est possible.
3° Les mangeoires.		
A. *En bois.*		
Sont enlevées et brûlées. Les abreuvoirs communs en bois sont également entièrement enlevés et brûlés.	Sont enlevées et nettoyées avec de la lessive. Quand elles sont sèches, elles sont plusieurs fois lavées avec de l'eau phéniquée. Les abreuvoirs communs sont traités de la même façon.	Sont enlevées et nettoyées avec de la lessive chaude.
B. *En fer.*		
Sont enlevées et flambées ou mises de côté.	Sont nettoyées avec un lait de chaux, frottées avec de l'eau phéniquée et, si c'est possible, flambées.	Sont enlevées et nettoyées avec de la lessive chaude.
C. *En pierre, ciment, marbre, etc.*		
Sont enlevées autant que possible; si non on les nettoie à la lessive chaude et on les lave plusieurs fois à l'eau phéniquée.	Sont nettoyées à la lessive et lavées à plusieurs reprises avec de l'eau phéniquée.	Comme pour la gale.
4° Les râteliers.		
A. *En bois.*		
Sont enlevés et brûlés.	Sont décrochés, lavés avec de la lessive chaude, et lavés quand ils sont secs avec de l'eau phéniquée.	Sont décrochés et lavés avec de la lessive chaude.
B. *En fer.*		
Sont décrochés et flambés ou enlevés.	Sont nettoyés au lait de chaux et frottés avec de l'eau phéniquée.	Sont nettoyés à la lessive chaude.
5° Les fenêtres et bouches de ventilation.		
Sont décrochées : le verre, le bois et le fer sont nettoyés avec de la lessive chaude; quand ils sont secs, on les lave plusieurs fois à l'eau phéniquée, enfin le bois et le fer sont couverts d'une couche de peinture.	Sont décrochées : le verre, le fer et le bois sont lavés avec de la lessive chaude.	Sont décrochées : le verre, le bois et le fer sont nettoyés avec de la lessive chaude.

MORVE ET CHARBON.	GALE.	RAGE.

6° Les seaux.

A. *En bois.*

MORVE ET CHARBON.	GALE.	RAGE.
Sont brûlés, les parties en fer sont flambées.	Sont traités comme les mangeoires.	Sont traités comme les mangeoires.

B. *En fer, en fer-blanc.*

MORVE ET CHARBON.	GALE.	RAGE.
Sont soumis à l'ébullition pendant une heure et de façon que toutes les parties de l'objet soient couvertes d'eau ; si c'est possible on les flambe.	Comme pour la morve.	Sont lavés avec de la lessive chaude.

7° Les chaines en fer, les anneaux des piliers, des râteliers, des mangeoires et des bat-flancs,

Sont flambés.

8° Les pompes d'écurie.

A. *En bois.*

MORVE ET CHARBON.	GALE.	RAGE.
Sont brûlées.	Sont lavées avec de la lessive chaude.	N'ont besoin d'aucune désinfection lorsqu'elles n'ont pas été en contact direct avec l'animal ; dans le cas contraire on les lave avec de la lessive chaude.

B. *En métal.*

MORVE ET CHARBON.	GALE.	RAGE.
V. art 2. — H.	V. art. 8. — A.	V. art. 8. — B.

9° Les conduites d'eau et de gaz.

MORVE ET CHARBON.	GALE.	RAGE.
V art. 2. — H.	Sont nettoyées avec de la lessive chaude et frottées avec de l'eau phéniquée.	N'ont pas besoin de désinfection quand elles n'ont pas été en contact direct avec l'animal ; s'il y a lieu, elles sont nettoyées avec de la lessive chaude.

10° Les coffres à avoine et les fourragères.

MORVE ET CHARBON.	GALE.	RAGE.
Sont brûlés. Le fourrage qui s'est trouvé en contact immédiat avec de chevaux suspects ou qui est resté dans leurs mangeoires, etc., est également brûlé.	Comme pour la morve.	Sont nettoyés avec de la lessive chaude ; le fourrage est brûlé comme dans le cas de morve.

11° Les objets de pansage et les ustensiles d'écurie.

Sont brûlés ; ceux qui sont en fer sont flambés.

MORVE ET CHARBON.	GALE.	RAGE.

12° Pièces de harnachement et d'habillement.

| Les objets qui peuvent être soumis à l'ébullition, tels que couvertures, surfaix, pièces de bois de la selle, pièces en métal, etc., sont entièrement plongés dans l'eau bouillante pendant une heure. Toutes les autres parties sont brûlées. | Comme pour la morve. | Les objets qui peuvent être soumis à l'ébullition, tels que couvertures, surfaix, parties en bois de la selle, pièces en métal, sont bouillis pendant une heure. Tous les autres objets d'habillement et de harnachement sont mis hors de service pendant 3 mois. |

13° Les objets d'autopsie

et instruments de chirurgie sont nettoyés soigneusement avec de l'eau phéniquée. Les fontanelles et les sétons sont brûlés. Le sang provenant des saignées d'animaux morts de charbon est mélangé d'eau phéniquée et enterré loin des écuries à un demi-mètre de profondeur.

PRÉPARATION DES DÉSINFECTANTS. — 1° On prépare l'*Eau phéniquée* en faisant dissoudre 50 grammes d'acide phénique fondu dans un litre d'eau ayant au moins 18° R. de température. La solution est conservée en vase clos.

2° *Poudre de chaux vive.* On arrose de la chaux vive fraîchement calcinée avec une quantité d'eau suffisante pour qu'elle se réduise en poudre avec dégagement de chaleur. Elle doit être préparée au moment de s'en servir.

3° *Lait de chaux.* La poudre de chaux vive est mélangée avec de l'eau, de façon à produire en agitant le mélange, un liquide ressemblant à du lait.

4° *Solution de sublimé.* On dissout 1 gramme de sublimé dans un litre d'eau (de l'eau de rivière autant que possible). La solution doit toujours être préparée par le vétérinaire lui-même.

5° *Solution de lessive.* On fait dissoudre 250 grammes de soude dans 5 kilogrammes d'eau chaude.

6° *Eau de savon.* On fait dissoudre du savon noir ou vert dans de l'eau chaude jusqu'à ce que le liquide mousse abondamment.

Comptes rendus et rapports au sujet des maladies contagieuses.

GÉNÉRALITÉS. — Lorsqu'un cheval a été reconnu suspect de maladies contagieuses dans un corps de troupe, celui-ci en rend compte d'urgence, par la voie hiérarchique, au général commandant le corps d'armée, ainsi qu'au gouverneur ou au commandant de la place ou à l'officier le plus ancien de la garnison. Les mêmes officiers sont tenus au courant de la marche de l'affection et prévenus dès que l'épidémie ou les symptômes qui la faisaient craindre ont disparu.

La police de la garnison, du cantonnement ou du gite d'étape en est également informée. On lui communique au moins une fois par semaine des renseignements sur la marche de l'épidémie et on la prévient lorsque le danger a disparu.

L'origine de l'épidémie doit autant que possible être déterminée. Le résultat de l'enquête est communiqué aussi rapidement que faire se peut au ministère de la guerre.

DISPOSITIONS PARTICULIÈRES. — Lorsqu'un cheval a été abattu pour morve ou présomption de morve, le corps de troupe envoie immédiatement à l'inspection vétérinaire, par l'intermédiaire du général commandant le corps d'armée, le procès-verbal d'autopsie, l'historique sommaire de la maladie et un extrait des contrôles.

Il en est de même en ce qui concerne les chevaux d'officiers, de médecins et d'employés militaires qui ont été abattus pour morve ou présomption de morve et qui avaient séjourné dans des écuries de l'État.

Dans le cas ou la présomption de morve est confirmée par l'autopsie, la déclaration en est faite d'urgence au ministère de la guerre. Tous les 15 jours, on adresse au même département un rapport sur la marche de l'épidémie, et cela, jusqu'à ce que la période d'observation réglementaire soit écoulée. Les communications particulières aux généraux commandant les corps d'armée, sur la marche de la maladie etc., prescrites dans le paragraphe précédent, ne sont plus nécessaires dans ce cas.

Déclaration doit également être faite des cas de morve qui éclatent parmi les chevaux d'officiers, possédés à titre onéreux, et n'ayant point séjourné dans une écurie de l'État. Cependant, dans ce cas, il n'est pas nécessaire d'envoyer le compte rendu de l'autopsie à l'inspection vétérinaire ; de plus, le corps intéressé n'est tenu à des communications périodiques sur la marche de la maladie que s'il a dû isoler ou mettre en observation des chevaux de troupe.

Si de nouveaux cas de morve éclatent après que les mesures de précaution ont été supprimées, on devra considérer ces cas comme une invasion nouvelle et agir en conséquence.

Quand, dans un corps de troupe, un cheval est atteint de charbon, de gale ou de rage, qu'il est mort ou a été abattu pour ces motifs, le compte rendu de la maladie ou le rapport d'autopsie est envoyé à l'inspection vétérinaire par l'intermédiaire des généraux commandants les corps d'armée, quelle que soit l'arme à laquelle ce corps de troupe appartienne.

Il en est de même pour les chevaux des officiers qui ont séjourné dans une écurie de l'État.

Lorsque d'autres maladies contagieuses apparaissent ou qu'il se produit des affections (1) et des cas de mort exceptionnels parmi les chevaux de troupe, on en rend compte au ministère de la guerre en indiquant l'étiologie et les circonstances particulières.

Des communications ultérieures ne sont nécessaires que lorsque la maladie prend des proportions inquiétantes.

Les médecins des corps sont prévenus chaque fois qu'une maladie contagieuse présente du danger pour les hommes.

Dispositions spéciales.

Consultations des vétérinaires supérieurs. — Les commandants de régiment ou de bataillon sont autorisés à envoyer le vétérinaire supérieur de leur corps de troupe visiter les fractions détachées, pour peu que l'on y ait signalé quelque danger d'épidémie.

Les généraux commandant les corps d'armée sont autorisés à envoyer le vétérinaire de corps d'armée ou son suppléant partout

---

(1) Il faut ranger parmi ces affections la fluxion périodique, lorsque son apparition sur plusieurs chevaux laisse supposer une cause locale commune.

où ils jugent sa présence nécessaire pour apprécier ou combattre une maladie contagieuse. Si la maladie menace de prendre une plus grande extension, les généraux commandants s'adressent à l'inspection vétérinaire en vue de provoquer l'envoi d'un commissaire spécial.

S'il n'y a pas de vétérinaire militaire dans la localité où l'épidémie apparaît, et s'il y réside un vétérinaire civil, celui-ci est consulté sur-le-champ. Dans toute autre circonstance, en dehors d'un cas d'urgence, les vétérinaires civils ne peuvent être consultés sans une autorisation du ministère de la guerre.

Toutes les demandes pour l'envoi de vétérinaires supérieurs peuvent, s'il y a urgence, avoir lieu par le télégraphe.

Déplacements. — Les généraux commandant les corps d'armée décident si les corps de troupe ou les fractions de troupe dans lesquels il y a eu des cas récents de morve, de charbon ou de gale, peuvent, à l'occasion de manœuvres, quitter leur garnison avec leurs chevaux; ils déterminent également l'effectif de ces détachements.

Les généraux commandants sont également autorisés à faire bivouaquer les corps sous leurs ordres pour arrêter le progrès d'une des maladies précitées. L'autorité militaire s'entend avec les autorités de police locale pour choisir l'emplacement du bivouac.

Les décisions prises sont communiquées télégraphiquement au ministère de la guerre.

Recommandations aux chefs de détachement en temps de paix. — S'il se présente parmi les chevaux d'une fraction détachée des symptômes suspects, le chef de détachement en rend compte aussitôt, par voie télégraphique si c'est possible, au général commandant la circonscription dans laquelle il se trouve et à la portion centrale de son corps. Il en avertit la police locale. Si le détachement se trouve dans une ville de garnison, il informe aussi le gouverneur, le commandant de place ou l'officier le plus ancien.

Si le détachement n'a pas de vétérinaire militaire, le chef de la colonne réquisitionne le vétérinaire civil ou militaire le plus proche.

Les détachements en marche (y compris les détachements de

remonte) s'arrêtent provisoirement s'ils ne peuvent rejoindre leur garnison dans la même journée.

Les chefs de détachements de remonte doivent en outre rendre compte au ministère de la guerre (section des remontes), aussitôt qu'une épidémie s'est déclarée parmi leurs chevaux.

Le chef de détachement se conforme, d'ailleurs, aux prescriptions suivantes :

En cas de *morve*, il fait abattre les animaux morveux ou suspects et fait désinfecter les objets qui ont été en contact avec eux et qui appartiennent au corps de troupe; enfin, après avoir pris les ordres spéciaux du général commandant le corps d'armée, il rentre dans sa garnison par le chemin de fer. Il ramène son détachement de la même façon en cas de *gale*.

En cas de *charbon* ou de *rage*, il s'arrête jusqu'à ce que l'épidémie ait cessé, ou que les symptômes suspects aient disparu; il prend le temps de désinfecter tous les objets appartenant au corps de troupe qui ont été en contact avec un cheval charbonneux ou rabique.

Le général commandant le corps d'armée prend les mesures nécessaires pour la désinfection des écuries et des wagons.

Les prescriptions pour les détachements s'appliquent également aux corps qui cantonnent ou qui font une route en temps de paix.

DÉTACHEMENTS EN CAS DE MOBILISATION. — En cas de mobilisation, l'officier qui commande une fraction détachée ou un escadron de dépôt a les mêmes droits et les mêmes devoirs qu'un chef de corps. Il observe les prescriptions réglementaires aussi strictement que le permettent les circonstances. Tout chef d'une troupe qui a séjourné dans une localité avec des chevaux morveux ou suspects, a le devoir, avant son départ, de désigner les écuries infectées en y faisant inscrire le mot « MORVE » d'une manière très apparente et de façon que l'inscription ne puisse pas être facilement effacée.

CHEVAUX D'OFFICIERS. — Lorsque le cheval d'un officier, d'un médecin ou d'un employé militaire présente des symptômes d'une maladie contagieuse, le propriétaire est tenu d'en informer son supérieur direct ou le plus ancien officier de la garnison.

En ce qui concerne l'utilisation de leurs chevaux dans le service, les officiers doivent observer les prescriptions en vigueur pour les chevaux de troupe. Les officiers qui logent des chevaux leur appartenant en propre, dans des écuries de l'État ou dans des quartiers occupés par des chevaux de troupe, ont le devoir de les soumettre, le cas échéant, aux prescriptions réglementaires, et principalement aux visites sanitaires. Cependant, avant d'abattre un cheval de cette catégorie, il importe de se conformer aux dispositions légales et aux règlements de police, pour le cas où le propriétaire aurait à demander une indemnité.

Quand un cheval, propriété de l'officier, présente des symptômes de morve, en route, au bivouac ou dans les cantonnements, on s'en rapporte à l'avis d'une commission réunie par les ordres du colonel, du chef de groupe de batteries ou de bataillon du train. Lorsque la mort du cheval est jugée nécessaire dans l'intérêt du service, le chef de corps est autorisé, si les circonstances ne permettent pas de provoquer en temps et lieu l'enquête et l'estimation prescrites par la loi, à faire abattre l'animal quand même, après qu'une estimation en a été faite par la commission précitée. Ensuite, une proposition d'indemnité pour le propriétaire est déposée au ministère de la guerre, avec rapport circonstancié à l'appui, justifiant l'urgence des mesures prises. Si à l'autopsie le cheval est reconnu sain, le prix d'estimation est remboursé intégralement, soustraction faite de la retenue prévue au § 62, de la loi sanitaire impériale ; mais si l'autopsie justifie la suspicion de morve, l'État ne rembourse que les trois quarts de la valeur. En dehors de ces cas particuliers, les officiers suivent uniquement et à tous les points de vue, en ce qui concerne leurs chevaux, les décrets et instructions sanitaires légales et les prescriptions de police locale.

L'examen des chevaux d'officiers ordonné par le chef de corps dans la crainte d'une maladie contagieuse doit être fait gratuitement par les vétérinaires militaires. C'est surtout lorsque ces chevaux changent fréquemment d'écurie, qu'il faut surveiller avec soin leur état sanitaire.

VENTE. — Les chevaux qui sont isolés ou en observation ne peuvent être vendus. Quand, parmi ces chevaux, il s'en trouve qui doivent être réformés, on les garde jusqu'à ce que la période d'observation soit écoulée et que la commission les ait reconnus sains, alors même que l'effectif normal du corps serait dépassé.

Cependant, lorsqu'on peut supposer que leur prix de vente ne couvrirait pas les frais d'entretien et que la commission ne pourrait les reconnaître sains, après l'expiration de la période d'observation, on en rend compte au général commandant le corps d'armée qui peut ordonner l'abatage.

Les dispositions précédentes sont applicables aux chevaux des officiers qui, par suite d'un changement de position, auraient subi une réduction dans le nombre de rations auquel ils avaient droit.

CHAPITRE III.

Pneumonie contagieuse et fièvre érésypélateuse.

PNEUMONIE CONTAGIEUSE. — La *pneumonie contagieuse* des chevaux est une maladie transmissible dont la propagation est favorisée par les mauvaises conditions hygiéniques des écuries.

Combattre efficacement ces causes, avant qu'elles n'aient produit des maladies, constitue par conséquent un des devoirs les plus importants des chefs de corps et du personnel vétérinaire. Celui-ci doit provoquer en temps opportun les mesures qui lui paraissent nécessaires pour obtenir ce résultat. Ces mesures portent tout d'abord sur la ventilation, l'entretien de la litière, ainsi que les soins de désinfection. L'expérience enseigne en effet qu'il est utile de pratiquer régulièrement la désinfection pendant les manœuvres d'automne et, de plus, de désinfecter le plancher avec du chlorure de chaux, toutes les fois, et plus souvent s'il y a lieu, que la litière-matelas de paille est enlevée.

La période d'incubation dure en général quinze jours.

La symptomatologie de la pneumonie contagieuse est extrêmement changeante.

La mortalité varie beaucoup dans les différentes invasions; abstraction faite de l'individualité, de l'idiosyncrasie des animaux atteints et de l'intensité des cas, elle dépend essentiellement de la disposition des écuries, de la possibilité d'éloigner les animaux malades des locaux dangereux, de l'agglomération plus ou moins grande des malades, du traitement rationnel ou irrationnel.

FIÈVRE ÉRÉSYPÉLATEUSE. — TUMEURS CHARBONNEUSES. — La fièvre érésypélateuse (*Rothlaufseuche*) est une maladie infectieuse, aiguë, fébrile et contagieuse.

La contagion a lieu par contact direct des animaux sains avec des malades, ou par des intermédiaires, des personnes, par exemple, qui transportent le contage.

La façon dont il pénètre dans l'organisme n'est pas encore établie. On admet le plus généralement que cette introduction se fait par les organes de la digestion ou de la respiration.

Après l'inoculation, il se passe quelques jours avant l'apparition de la maladie. Quelques chevaux sont gravement malades, d'autres légèrement; certains restent indemnes, bien qu'ils aient été en contact avec des malades et, par conséquent, exposés à la contamination.

TABLEAU COMPARATIF DES SYMPTÔMES DE LA PNEUMONIE
CONTAGIEUSE ET DE LA FIÈVRE ÉRÉSYPÉLATEUSE.

Pneumonie.	Fièvre érésypélateuse.
La période d'incubation dépasse 8 jours.	La période d'incubation est en général de 5 à 6 jours.
La température monte rapidement; frisson fébrile.	La température augmente lentement; point de frisson.
La fièvre dure de 7 à 9 jours.	La fièvre dure de 3 à 5 jours.
La température descend petit à petit au degré normal.	La température diminue rapidement.
Irritation violente des voies respiratoires. Inflammation du larynx, de la trachée, des bronches et des poumons.	Irritation légère des voies respiratoires qui rarement s'étend jusqu'aux bronches.
La pneumonie est en général congestive et compliquée de pleurésie.	La pneumonie ne se produit que comme complication.

Le jetage est abondant, mucoso-purulent, souvent de couleur ambrée ou sanguinolent.	Le jetage est peu abondant, légèrement muqueux.
Le gonflement des ganglions de l'auge est considérable.	Ce gonflement est peu marqué.
La toux est fréquente, avortée et douloureuse.	La toux est rare et sonore.
La respiration est fréquente ; on remarque tous les signes extérieurs de la pleuro-pneumonie.	La respiration est lente.
Presque toujours la circulation veineuse est difficile (œdème des extrémités).	La circulation veineuse est rarement gênée et ne l'est que faiblement.
On remarque de légers troubles des organes digestifs.	Les troubles digestifs sont graves.
L'appétit est diminué.	L'appétit manque complètement.
La conjonctive est rouge, quelquefois jaunâtre et modérément gonflée ; la sécrétion est abondante. La cornée est souvent trouble.	La conjonctive est rouge, le plus souvent gonflée et gélatineuse ; la sécrétion est peu abondante. La cornée est quelquefois trouble sur ses bords.
On constate des engorgements froids et indolents aux extrémités.	On constate souvent des engorgements érésypélateux des extrémités, de la face, de la tête et du cou, accompagnés de chaleur et de tumeur.
La maladie est souvent grave, elle est facilement mortelle dans les cas négligés.	Quand il n'y a pas de complications, l'issue est presque toujours favorable.
La durée de la maladie dépasse 8 jours.	La maladie dure 8 jours environ.
La convalescence dépasse 15 jours.	La convalescence est de 15 jours environ.

Ce parallèle entre les symptômes des deux maladies démontre qu'elles diffèrent par la durée de la période d'incubation (c'est-à-dire le laps de temps écoulé entre la contamination et l'apparition des premières manifestations morbides), par la marche de la fièvre et enfin par le siège, la durée et les conséquences du mal. Il permet également d'admettre qu'elles ont des causes tout à fait différentes et qu'elles ne peuvent pas, par conséquent, être considérées comme l'expression d'une même infection.

MESURES SANITAIRES. — Dès qu'il existe un symptôme suspect qui fait craindre l'invasion de la pneumonie contagieuse ou de l'érésypèle, le chef de corps nomme une commission composée comme il a été prescrit précédemment. Cette commission conclut que l'épidemie a éclaté ou qu'elle n'a pas éclaté.

Dans les cas douteux la commission se réunit tous les jours, jusqu'à ce qu'une conclusion définitive ait pu être prononcée.

En cas d'épidémie et dans les cas douteux, on prend immédiatement les mesures suivantes d'après les indications motivées de la commission et en tenant compte des circonstances locales :

Les chevaux malades sont isolés autant que possible ; toutes les pièces de harnachement sont séquestrées.

Les locaux des contagieux sont éloignés des autres écuries et doivent être appropriés au séjour d'animaux malades (écuries bien ventilées, baraques, granges, hangars).

Les chevaux isolés conservent les couvertures, seaux et instruments de pansage qui leur étaient précédemment affectés.

Le vétérinaire examine toujours les animaux considérés comme sains avant ceux qui sont malades.

Il est défendu de séjourner sans motif dans les écuries d'isolement ; l'accès en est interdit aux personnes étrangères au service de ces locaux.

Si l'épidémie apparaît avec une telle violence, dans plusieurs points de l'écurie à la fois, que la majorité des chevaux soit atteinte ou du moins menacée, les animaux sains sont isolés et divisés en petites fractions.

Si, par suite de la disposition des lieux, l'isolement des malades n'est pas praticable, on laisse ces animaux dans leurs stalles respectives. L'écurie dans laquelle la maladie a fait son apparition est alors considérée comme écurie d'isolement, et on y applique les prescriptions précédentes.

Tous les chevaux, sains et malades, sont visités chaque jour par le vétérinaire du corps de troupe. Il surveille surtout, comme symptôme caractéristique du mal, l'élévation de la température du corps.

Les animaux qui paraissent sains ne font pas de service; ils sont promenés tous les jours pendant plusieurs heures, au pas, avec une couverture, et selon la méthode employée pendant les exercices de marche. Les animaux malades, munis de couvertures, sont laissés de préférence en liberté dans un endroit approprié.

Une température modérée doit régner dans les écuries; autant que possible elle ne dépassera pas 10° centigrades. Les locaux sont convenablement aérés et nettoyés pendant la promenade des chevaux. La commission décide dans quelle proportion il faut les désinfecter dès ce moment.

Les chevaux sont soumis à un régime approprié et diététique; il faut veiller à ce que leur fourrage ne contienne pas de poussière et leur donner de l'eau aussi bonne que possible.

Ces mesures particulières prennent fin, quand, d'après la déclaration de la commission, il ne s'est pas présenté de symptôme suspect parmi les chevaux en question, dans les six semaines qui ont suivi l'apparition du dernier cas morbide.

En ce qui concerne le traitement médical des chevaux malades, on s'en rapporte, en général, au vétérinaire du corps de troupe.

Les jeunes chevaux sont plus sujets que les vieux à ces épidémies. Aussi doit-on soumettre les remontes à une surveillance toute spéciale : on placera les chevaux de remonte, à leur arrivée au corps, dans les conditions hygiéniques auxquelles ils se trouvaient précédemment accoutumés, et on ne les habituera que progressivement au séjour prolongé dans l'écurie. De plus, il est utile de nettoyer soigneusement et au besoin de désinfecter les écuries que les jeunes chevaux devront occuper.

La commission détermine autant que possible les causes qui ont occasionné le développement de l'épidémie, en tenant compte :

De la disposition de l'écurie (ventilation, pavage, nature du sous-sol, etc.).

De la situation et des abords de l'écurie (voisinage possible de latrines, de cloaques, situation de la nappe d'eau souterraine),

De la composition des eaux d'abreuvoir,

De la qualité des fourrages,

Des circonstances climatériques,

De la contamination qui a pu se produire et de la voie qu'elle a suivie.

Procédés de désinfection.

Dispositions générales ; frais. — Lorsqu'un cheval est atteint de pneumonie contagieuse, ou d'érésypèle, la stalle qu'il occupait est immédiatement désinfectée. Il faut bien faire remarquer ici que la désinfection doit être exécutée *immédiatement après l'apparition de l'épidémie*, pendant qu'elle existe et non plus tard, lorsqu'elle a disparu. La commission décide dans quelle étendue elle doit avoir lieu ; elle est renouvelée chaque jour.

A la première désinfection, les écuries sont évacuées pour quelque temps ou du moins pour quelques heures, et elles sont aérées, nettoyées et désinfectées à fond.

On procède à l'aération par l'ouverture des fenêtres, des portes, des trous à air, etc.

Le nettoyage comprend : l'enlèvement de la literie, le récurage, et le desséchement du sol (toutes les fois que l'on enlève la litière-matelas, on doit nettoyer et désinfecter le sol avec du chlorure de chaux et du plâtre, même quand les chevaux sont sains) ; le balayage des plafonds et des murs ; le badigeonnage de ces derniers, quand ils sont blanchis à la chaux ; le récurage des mangeoires-râteliers, des poteaux de bat-flancs, des piliers ; le nettoyage des fosses à fumier, des latrines, des fosses d'aisance et des égouts.

Lorsque le nettoyage est terminé, on commence la désinfection qui est exécutée comme il est indiqué ci-dessous.

Les frais de nettoyage et de désinfection des écuries et autres bâtiments sont couverts par les fonds d'entretien des écuries, du ferrage ou des médicaments vétérinaires, selon la situation respective de chacun d'eux. Si la commission juge qu'il est prudent de procéder à une désinfection plus étendue pour laquelle les fonds disponibles ne sont pas suffisants, le corps adresse au ministère de la guerre une demande dûment motivée, à l'effet d'obtenir les subsides nécessaires.

DISPOSITIONS PARTICULIÈRES.

1º *Sol.*

(*a*) Sol argileux.

Le fumier est enlevé, la terre creusée à 20 centimètres de profondeur et remplacée par de la terre ou de l'argile fraîche.

Le sol est arrosé tous les trois jours pendant 9 jours avec une solution phéniquée à 5 0/0.

(*b*) Sol pavé.

Le pavé en moellons ou le pavé poreux est gratté dans les interstices, et après balayage préalable, arrosé trois fois dans les 9 jours avec une solution phéniquée à 5 0/0, de façon que toutes les parties du pavé soient humectées.

(*c*) Sol cimenté.

Le ciment, l'asphalte, le macadam sont désinfectés comme ci-dessus.

(*d*) Sol en bois.

Les planches mobiles doivent être arrachées, balayées, séchées à l'air et enfin badigeonnées trois fois dans les 9 jours avec une solution phéniquée à 5 0/0 ; les planches fixes, le pavé de bois sont récurés, après balayage, avec la même solution.

(*e*) Sol carrelé en mosaïque.

Comme pour le sol cimenté.

(*f*) Litière.

La litière est traitée comme le fumier et emportée.

2º *Murs, plafonds, portes, poteaux de bat-flancs, mangeoires, rateliers, colonnes, piliers, etc.*

Toutes les pièces en bois, les parois de la stalle dans laquelle

se trouve le cheval malade, les mangeoires et râteliers correspon-
dants sont balayés trois fois dans les 9 jours et lavés avec une
solution phéniquée à 5 0/0. Les murs crépis sont badigeonnés
avec un lait de chaux.

3o *Les fenêtres*, les trous à air sont balayés, lavés ; les parties en bois récurées avec de l'eau phéniquée.

4o *Les seaux* sont remplis pendant 24 heures avec de l'eau
phéniquée et rincés avec de l'eau pure.

5o *Les chaînes en fer*, etc., sont lavées à l'eau phéniquée.

6o *Les coffres à avoine* sont nettoyés à l'eau bouillante et au
savon et rincés ensuite.

7o *Les instruments de pansage*, les ustensiles d'écurie, les
timons de voiture sont soigneusement nettoyés avec de l'eau de
savon chaude.

8o *Pièces d'habillement et de harnachement.* Le cuir est lavé
à l'eau de savon, le bois avec de l'eau de lessive, le rembourrage
est brossé et aéré. Les couvertures, tapis, surfaix sont bouillis
pendant une heure. Les pièces d'habillement ou de harnachement
(les selles par exemple) dont la désinfection complète et certaine
est impossible sont mises hors de service pendant trois mois.

COMPTES RENDUS ET RAPPORTS. — Le corps de troupe dans lequel une des deux épidémies précédentes s'est déclarée en rend
compte d'urgence au général commandant le corps d'armée.
Celui-ci communique ce rapport au ministère de la guerre.

Tous les quinze jours, un rapport sur la marche de la maladie
est envoyé au général commandant le corps d'armée.

Le général informe le ministère de la guerre de la situation
de l'épidémie (pour plusieurs corps de troupes à la fois, s'il y
a lieu) tous les mois, et plus souvent encore si des circonstances
particulières le nécessitent.

Dispositions spéciales.

CONSULTATIONS DE VÉTÉRINAIRES SUPÉRIEURS. — La convocation
de vétérinaires supérieurs, à l'apparition de l'une des deux épidémies, a lieu d'après les dispositions prescrites pour les autres
épidémies.

Les prescriptions relatives aux changements de garnison, aux

détachements et à la vente des chevaux dans les cas de morve,
charbon, etc., sont applicables à la pneumonie et à l'érésypèle.

Si le retour d'une troupe infectée rencontre des difficultés de
la part de l'administration des chemins de fer, il a lieu par étapes
et en bivouaquant (1).

CHAPITRE IV.

Horse-pox.

Le *horse-pox* fait partie des épidémies bénignes, qui ne nécessitent pas de mesures prophylactiques spéciales.

La maladie est tellement contagieuse qu'on pourrait à peine
l'empêcher de s'étendre, en isolant les malades, une fois qu'elle
a éclaté dans une troupe de cavalerie.

Il est même bon, pour obtenir une contamination générale plus
rapide, de laisser les malades dans leur écurie afin que le contage
se transmette autant que possible simultanément aux chevaux
encore sains. De plus, comme les chevaux ne perdent l'appétit et
n'ont de la fièvre que très rarement, leur utilisation dans le
service n'est pas entravée, et par conséquent, on renoncera à
l'emploi de toute mesure préventive.

Un traitement médical des chevaux atteints n'aurait aucune
utilité.

La désinfection n'est pas nécessaire.

Les chevaux atteints de la maladie en question ne doivent pas
être vendus. L'État conserve, même en excédent de l'effectif, jusqu'à leur guérison ceux d'entre eux qui seraient à réformer. Il
en est de même pour les chevaux d'officiers qui se trouvent dans
des conditions analogues.

En achevant ces extraits qui contiennent les prescriptions les
plus intéressantes du règlement allemand sur le service vétérinaire, il peut être utile d'en résumer les points saillants.

---

(1) § 40 du *Règlement d'exploitation des chemins de fer d'Allemagne*,
11 mai 1874. (*Central Blatt* pour l'empire d'Allemagne, p. 189).

1º Le service de la maréchalerie est organisé en Allemagne avec un soin scrupuleux. Le personnel des maréchaux est entièrement formé dans des écoles, auxquelles les corps de troupe détachent de préférence des rengagés ou des hommes qui contractent un rengagement spécial au moment de commencer leur cours. Le ferrage est donc pratiqué dans les corps par des ouvriers expérimentés. Ceux-ci trouvent dans la position honorable qui leur est faite, dans leur traitement de sous-officier (1 fr. 42 à 1 fr. 86 par jour), augmenté de la rémunération fixe de leur travail (0 fr. 25 à 0 fr. 37), dans la jouissance de primes spéciales et de bénéfices particuliers sur la ferrure des chevaux d'officiers, un encouragement suffisant pout attendre la position civile qui leur est assurée au bout de 12 ans de service. Ainsi est évité l'écueil que présente le service de trois ans au point de vue du recrutement des maréchaux. Alors que cette courte période de l'instruction suffisait à peine à donner quelque habileté aux apprentis fournis par le contingent et que les forges militaires risquaient de rester des écoles où la maladresse des élèves s'exercerait aux dépens des animaux de l'État, l'armée allemande est parvenue à conserver longtemps les ouvriers qu'elle formait, au grand avantage des sabots et des membres de ses chevaux.

L'emploi des fers à la mécanique est autorisé pour le service courant dans une proportion qui permet aux maréchaux d'être toujours exercés à la confection des fers.

La ferrure anglaise est d'ordonnance dans toute l'armée allemande. On y pratique, en outre, une ferrure à glace dite *à chevilles*, qui est sanctionnée par une expérience de plusieurs années dans un pays où son usage est fréquent et prolongé. Cette ferrure est pratique, très simple et d'une application facile par les cavaliers. Elle peut servir de modèle comme ferrure à glace de campagne.

2º La surveillance préventive et le traitement énergique des maladies contagieuses dès leur apparition fait l'objet des prescriptions les plus minutieuses du règlement. Il est instructif de s'arrêter à tous les détails qu'il prévoit, aux précautions qu'il ordonne, aux rapports qu'il établit à ce sujet entre les autorités civiles et militaires, à l'initiative qu'il laisse aux chefs de corps et aux mesures radicales qu'il édicte dans certains cas.

Que l'on relise le chapitre des règles à suivre en cas de morve : *« Les râteliers, les mangeoires, les planches et tous les objets en bois des écuries sont brûlés... le sol est dépavé... le ciment et les mortiers sont enlevés... les chevaux suspects sont isolés pendant six mois..., etc... »*, et l'on ne s'étonnera pas que l'armée allemande soit particulièrement épargnée par ce terrible fléau.

Nous terminerons ici cette étude féconde en renseignements et en exemples. Elle nous a amenés une fois de plus à constater que l'administration militaire de nos voisins réserve son économie pour les chapitres secondaires de son budget, mais que, quand il s'agit de ses hommes et de ses chevaux, elle ne lésine jamais sur une dépense utile.

Cette publication présente un intéressant caractère d'actualité, car elle met en relief la nécessité :

1° D'améliorer le service de la maréchalerie militaire qui devra être assuré, comme en Allemagne, par des maréchaux expérimentés, avec la nouvelle loi réduisant à trois ans le service militaire;

2° D'adopter une ferrure à glace solide pratique pour les armées en campagne;

3° De perfectionner la ferrure en adoptant un fer un peu plus épais avec l'ajusture anglaise (fer demi-anglais);

4° De se préparer, en temps de paix, à l'emploi, en temps de guerre, des fers à la mécanique (dits fers d'approvisionnement);

5° De remplacer les parties en bois des écuries par des parties en fer plus faciles à désinfecter;

6° De ne pas hésiter à mettre hors de service les parties en bois des écuries infectées par la fièvre typhoïde, la morve, le charbon, etc.

On sait que toutes les écuries militaires allemandes présentent des stalles en fer et un mode de séparation (barres soutenues par des colonnes d'arrière), qui expliquent pourquoi l'accident embarrure est inconnu chez nos voisins.

Paris. — Imprimerie L. Baudoin et Cᵉ, 2, rue Christine.